AF623561

लगभग 600 वर्ष पूर्व जन्मी एक अति साधारण मल्लाह की बेटी लोई मेरे सामने आ खड़ी हुई है, स्त्री के अबला व्यक्तित्व के पितृसत्ता द्वारा प्रचारित रूढ़ मिथ को तोड़ती हुई। एक आभासी काया के रूप में कहती हुई, "मेरी ओर देखो। मैं पितृसत्ता के द्वारा गढ़ी गयी उनके संकेतों की दास स्त्री नहीं हूँ। मैं वह स्त्री हूँ, जिसने अपने हाथों से समय के संक्रमणों के बीच स्वयं को गढ़ा है। मैंने मीरा की तरह स्वयं को अन्वेषित किया है, ज़हर का प्याला हँसते–हँसते कण्ठ से नीचे उतारा है। मैंने महाभारतकाल में स्त्री–अस्मिता के प्रश्नों से पाण्डव और कौरव कुल को कठघरे में खड़ा करने वाली स्वतन्त्रचेता द्रौपदी के साथ–साथ इतिहास के उन पन्नों को जिया ही नहीं है, गवाह हूँ उस चौसर के दाँव की जिसने मेरे भीतर के हवन कुण्ड को प्रज्वलित कर दिया अपनी अस्मिता के प्रतिकार के लिये। हाँ, मैं वही लोई हूँ।"

–चित्रा मुदगल

(भूमिका से)

लोई

चलै कबीरा साथ

प्रताप सोमवंशी

वाणी प्रकाशन
प्रकाशन के उत्कृष्टतम 63 वर्ष

पेपरबैक पहला संस्करण : 2023
पेपरबैक दूसरा संस्करण : 2026

vaniprakashan.com

वाणी प्रकाशन

4695, 21-ए, दरियागंज, नयी दिल्ली-110 002

फ़ोन : + 91 11 23273167, 23275710

शाखाएँ

अशोक राजपथ, पटना-800 004, बिहार

कॉफ़ी हाउस कैम्पस, महात्मा गांधी मार्ग, प्रयागराज-211 001, उत्तर प्रदेश

महात्मा गांधी अन्तरराष्ट्रीय हिन्दी विश्वविद्यालय, वर्धा-442 001, महाराष्ट्र

sales@vaniprakashan.in

vaniprakashan@gmail.com

LOI

by Pratap Somvanshi

ISBN : 978-93-5518-875-5
Play

मूल्य : ₹ 299

जी.एस. ऑफ़सेट, दिल्ली-110 095 में मुद्रित

वाणी प्रकाशन का लोगो मक़बूल फ़िदा हुसैन की कूची से

प्रिय प्रतिमा के लिए

(मैं कबीर के पाँव की धूल का एक कण भी नहीं बन पाया
पर तुम ज़िन्दगी के सफ़र में पग–पग पर
लोई को अपने भीतर सहेजे रही।)

'लोई' को रचे जाने की अन्तर्कथा

गांधी मंडपम, 5 नवम्बर, 2011। समय–सायँ 7 बजे।

जैसे ही मैं हॉल के अन्दर दाख़िल हुआ, स्टेज पर संवाद चल रहा था–

'मैं तुगरो नहीं ''साहूकार के बेटे से प्रेम करती हूँ–''लोई की ओर से कहा गया वाक्य विख्यात रंगकर्मी शेख़र सेन बोल रहे थे। ''तो कोई बात नहीं, चल तुझे साहूकार के बेटे से मिला लाता हूँ–कबीर के रूप में शेख़र ने कहा। यह उनके 'कबीर' नाटक की एकल प्रस्तुति थी। नाटक का मंचन का निमित्त स्वर्गीय प्रभाष जोशी की पहली पुण्यतिथि थी। 'लोई' का यह दृश्य पहले भीष्म साहनी के नाटक–'कबिरा खड़ा बाज़ार में' पढ़ भी चुका था। तब शायद मेरे ज़ेहन को वह तलाश नहीं थी, जो इस बार थी। तब सिर्फ़ ''कबीर' को देख रहा था, अब ध्यान के केन्द्र में लोई आ गयी थी। छह सौ साल पहले की एक भारतीय स्त्री के इस संवाद ने मुझे पकड़ लिया था। कबीर का उत्तर एक भारतीय पुरुष का जवाब भर नहीं था, एक विचार था, जिसे शताब्दियों से पहले जिया गया था।

अँधेरे में खोये पात्रों की तलाश मुझे रुचिकर लगती है। अँधेरा चाहे वर्तमान का हो या अतीत का, एक पत्रकारीय दृष्टि और देशज समझ मेरी मदद करती रही है। उसी कड़ी में मुझे तलाश

थी कि काल के कैलेण्डर में एक सामान्य औरत की कहानी किस तारीख पर लिखी है। कहानी अगर इतने विरोधाभासों से भरी हो जितना कि लोई का जीवन था, तो स्वाभाविक दिलचस्पी फिर जुनून में बदल जाती है। हम लोगों की जीवनियाँ पढ़ते हैं तो उनके संघर्ष, सफलता, हार–जीत के तमाम अध्याय उसमें जुड़े होते हैं। एक साधारण भारतीय स्त्री की कहानी में ऐसा कुछ नहीं होता। आख़िरी दृश्य तक यह तय नहीं होता कि वह कर क्या रही है? स्त्री अगर समाज की जातीय संरचना में सबसे निचले पायदान की हो तो काफ़ी मुमकिन है वह समय के पैरों के नीचे ही दब कर मिट जाये, लेकिन गहरे दबी जगह से ही अंकुरण फूटता है। जीवन और जीवन–दृष्टि की कहानियाँ मिलती हैं। मुझे भी मिली। साढ़े छह सौ साल पहले की साधारण भारतीय स्त्री की कहानी। जन्म से मृत्यु तक लहरों से टकराने की गाथा, हवा के विपरीत खड़े होने की चुनौती का महाकाव्य।

इस तलाश में मुझे सिर्फ़ लोई नहीं मिली, कबीर के जीवन का विस्तार भी मिला। एक गृहस्थ कबीर को बिना लोई के नहीं देखा जा सकता है। लोई और कबीर के बीच जीवन का जो तार है, उससे दोनों का विस्तार और उनकी स्वतन्त्र पहचान का पता चलता है। एक अनपढ़ स्त्री जो पढ़ना–लिखना सीखती है, कबीर और उनके कहे को सँजोती है। कबीर का रूढ़ियों से टकराना तो जगज़ाहिर है। एक स्त्री के तौर पर लोई का काशी के घाट के पण्डों, पुरोहितों, जोगियों और सुल्तान सिकन्दर लोधी से जो भिड़ना है, उसको महसूस किये बिना आप उस समय की भारतीय स्त्री को जान नहीं सकते। लोई सिर्फ़ पत्नी की पहचान नहीं है, वह एक किशोरी, युवती और एक माँ के रूप में अपनी ठसक की पहचान देती है। वह कबीर की शिष्या या सेविका नहीं है, कई सारे सवाल जो स्त्रियाँ कबीर से पूछतीं, वह उनकी प्रतिनिधि भी है।

कबीर के दाम्पत्य की कहानी इसलिए भी कहनी ज़रूरी है कि तभी उनको अवतारी पुरुष के खाँचे से बाहर रखकर देखा जा सकता है।

लोई के साथ कबीर कहाँ कमज़ोर पड़े, कहाँ उनको सहारे की ज़रूरत पड़ी, कब उन्हें लगा कि वह समाज के लिये तो बहुत सचेत हैं, लेकिन अपनी ज़िम्मेदारियों से भाग रहे हैं। कबीर जैसा व्यक्तित्व बेलौस तो होता है, बेपरवाह नहीं। जब घर के भीतर जाकर हम कबीर को देखते हैं तो हमें यह सच मालूम पड़ता है। दरअसल, हम जिनसे सीखते हैं, उनका आदर करते–करते कब उन्हें ईश्वर बना देते हैं कि हमें पता ही नहीं चलता। कबीर जैसा व्यक्तित्व जितना अधिक अपनी मौलिक पहचान के साथ उपस्थित होगा, उतना ही समाज के लिये हितकारी होगा। चादर बुनने वाला जुलाहा कबीर जब अपनी पत्नी के लिये चुनरी बुनता है, तो वह हमें अपने और क़रीब प्रतीत होता है। वह कबीर जो हमें ढाई आख़र प्रेम का पढ़े सो पण्डित होय सिखाता है, अपनी पत्नी से प्रेम करता सहज और स्वाभाविक लगता है। कबीर के जीवन में लापरवाहियाँ और ग़ल्तियाँ नज़र ही न आयें अगर हम उन्हें लोई की नज़र से न देखें। हमें समझना चाहिए कि कबीर ईश्वर के उपासक थे, ईश्वर नहीं। कबीरपन्थियों का एक बड़ा हिस्सा उन्हें देवत्व तो दे देता है, एवज़ में साधारण इन्सान की पहचान ले लेता है।

नाटक की शुरुआत में सूत्रधार का सवाल कि लोई कौन है? इसीलिए लिखा ताकि आप लोई को पढ़ते–देखते समय एक भारतीय स्त्री की कहानी पढ़ें। लोई को बिना कबीर के देखना मुमकिन नहीं है, लेकिन कबीर बरगद की विशालता लिये हुए आते हैं कि लोई उसकी छाँव की बेल की तरह हो जाती है, जिसका अस्तित्व ही नहीं पता चलता है। सबसे पहले लोई पर लम्बी कविता लिखने का विचार आया। एक ड्राफ़्ट लिखा भी, कविता की मेरी कहन लोई के स्वाभिमान को अभिव्यक्ति देने में असफल रही। एक–दो मित्रों से चर्चा के बाद सोचा, उपन्यास लिखूँ, लेकिन लगा कि उससे भी मेरा मन सन्तुष्ट नहीं हो पायेगा। मेरे सामने जीती–जागती लोई खड़ी थी। ऐसी लोई को साकार स्वरूप में खड़ा करने की इच्छा हो तो नाटक से बेहतर विकल्प कुछ और नहीं हो सकता था।

इसी बीच अगस्त, 2014 में अमेरिका जाना हुआ। बोस्टन में इण्डिया–डे के मौके पर 75 वर्षीय मोहन डाली से मुलाक़ात हुई। मोहन जी वहाँ के जाने–पहचाने रंगकर्मी और 'इण्डियन एसोसिएशन ऑफ़ ग्रेटर बोस्टन' के अध्यक्ष भी थे। मेरा उनसे परिचय कराया गया तो ये कहते हुए कि देवानन्द के घनिष्ठ मित्र हैं। 'सी.आई.डी.' और कई हिन्दी फ़िल्मों में काम भी किया है। पहले हिन्दी फ़िल्मों की जब अमेरिका में शूटिंग होती थी, मोहन डाली ख़ास तौर पर उन प्रोजेक्ट से जुड़े रहते थे। भारतीयता का कोई भी उत्सव बोस्टन में बिना उनके पूरा नहीं होता। हाथ में हमेशा से वह दो घड़ी बाँधते थे, एक में भारत का समय रहता था, दूसरी में अमेरिका का। उनसे जब कहा कि अब ऐसी घड़ियाँ आ गयी हैं, एक घड़ी में दोनों समय अलग–अलग देखा जा सकता है। 'मेरे दिल का क्या करोगे, यह दोनों की धड़कन मिलाने का आदी नहीं है।'

मैंने उनसे मिलते ही सबसे पहले रस्मन कहा, "आपसे मिल कर बहुत अच्छा लगा।" वह उखड़ गये, "मुझे तो नहीं लगा। ये क्या अँगरेजों की नक़ल के वाक्य बोलते रहते हो? पहले मिलो, मेरे साथ घूमो, तब हो सकता है कुछ अच्छा लगे।" कड़क आवाज़ में पिता की तरह डाँटते मोहन डॉली के सामने मैं बेटे की तरह झुक गया था और वह मेरा हाथ पकड़कर आगे बढ़ चले। थोड़ी देर बाद वह लोगों से मेरा परिचय भी कराने लगे। यहाँ यह प्रसंग लिखने की ज़रूरत इसलिए है कि इतना ज़मीनी और खरी–खरी कहने वाले शख़्स को बोस्टन के स्टेडियम में टहलते हुए जब मैंने बताया कि कबीर की पत्नी को मैं इस स्वरूप में देखता हूँ। इस तरह मैं छह सौ साल पहले की साधारण औरत की पहचान को लिखना चाहता हूँ ताकि आज लोग देखें कि औरतों के प्रति हमारी दृष्टि और ख़ुद आम औरत कैसी थी? हमें 'सपेरों का देश' बताने वालों को एक जवाब ऐसे भी मिलना चाहिए। उन्होंने कहा कि बहुत सालों से मैंने किसी नाटक का मंचन नहीं किया है। दरअसल, ऐसी कोई कहानी मिली ही नहीं जिसे कह कर मैं अपने को रिटायर घोषित करूँ।

आज मुझे लग रहा है कि वह कहानी मुझ तक आ गयी है। तुम लिखो, मैं अँगरेज़ी में अनुवाद करूँगा। हिन्दी और अँगरेज़ी में एक साथ आगे–पीछे यहाँ मंचन करेंगे। लोई का रोल कौन करेगा, वह भी मेरे दिमाग़ में आ चुका है। चलते–चलते एक और हिदायत जारी की, "यार, यह पत्रकार लोग चाहे यहाँ के हो या वहाँ के, जब भी कोई स्थायी चीज़ लिखते हैं, उसमें ख़बरों वाली जल्दबाज़ी झाँकती है। इसका ध्यान रखना।" मैंने मुस्कुराते हुए बस कहा–"जी...।"

मोहन डॉली से मुलाक़ात एक उपहार और उनका कथन मेरे लिये एक प्रमाण–पत्र की तरह था। अब मैंने तय कर लिया था अब लोई पर नाटक के सिवा कुछ और नहीं लिखना है। मैंने तय किया कि मार्च 2015 तक नाटक पूरा कर लूँगा। उसके भी दस साल बीत चुके हैं। व्यस्तताएँ कभी हक़ीक़त कभी बहाने की तरह काम आयीं। कभी जीवन की उथल–पुथल में उलझा रहा, लेकिन यह सच है कि लोई एक भी पल के लिये मेरे ख़्यालों से ओझल नहीं हुई। इसी बीच 2018 में दुखद ख़बर आयी की मोहन डॉली नहीं रहे। मैंने उनको जनवरी, 2015 के बाद कभी फ़ोन नहीं किया। नाटक पूरा हो, तब बात करूँ, यही सोचता रहा। तब से लेकर अब तक लगा कि मुझे जल्द इसे पूरा करना है, पहले उनके लिये और अब जब भी इस नाटक का पहला मंचन होगा या किताब की पहली प्रति, उनकी स्मृतियों को समर्पित रहेगी।

इसी बीच जुलाई, 2017 में कुछ ऐसा हुआ कि स्वास्थ्य सम्बन्धी कारण से एक विपत्ति आन पड़ी। अस्पताल में जीवन–मृत्यु से जूझते हुए तमाम बातों के बीच लोई भी याद आती थी। ज़िन्दगी मिली तो सबसे पहले लोई पूरा करूँगा। ऑपरेशन थियेटर में भी लेटे–लेटे सोचता रहता था। उसके भी पाँच साल बीत चुके हैं। मरहूम वाली आसी का यह शे'र पूरा जीवन मेरे जैसों के साथ चिपका रहता है–

तमाम काम अधूरे पड़े रहे मेरे
मैं ज़िन्दगी पे बहुत ऐतबार करता था

लोई की तलाश में भटकने के दिनों की बात। कबीर को कोर्स की किताबों और कबीर मठ के अभिलाष दास से अल्प मुलाक़ातों से कुछ अधिक जानने की रुचि जगी थी। उनके द्वारा दिया गया टीका सहित बीजक और कुछ कबीर साहित्य पढ़ाई के दिनों से मेरे साथ है। लोई को लेकर कहीं कुछ भी नहीं था। काशी, प्रयाग और उज्जैन के कबीरपन्थियों से मिला। कबीर को गाने और सहेजने वालों से सत्संग किया, लेकिन लोई को लेकर कुछ ख़ास नहीं मिला। भीष्म साहनी के नाटक में लोई का हिस्सा कुल चार पृष्ठों का है। रांगेय राघव का उपन्यास 'लोई का ताना' मिला, लेकिन यहाँ भी कबीर प्रमुख भूमिका में थे। उन्होंने उपन्यास के कवर पृष्ठ पर ही दर्ज़ कर दिया कि यह उपन्यास कबीर के जीवन पर आधारित है। लगभग 150 पृष्ठों की इस किताब में सिर्फ़ 33 पेजों में लोई का ज़िक्र शामिल है। कुछ लोकगीत और क़िस्से मिले, जिनके ज़रिये कुछ हिस्सा मिला। मैंने लोई की तरह सोचना शुरू किया। कबीर इस नाटक में उतना ही हैं, जितना बिना उनके दृश्य पूरा नहीं होता। बाबू श्याम सुन्दर दास, डॉ. नागेन्द्र और डॉ. रामकुमार वर्मा जैसे विद्वानों की आँख से लोई को देखना भी लोई की कहानी बुनने में बहुत हद तक मददगार रहा।

हालाँकि लोई के जन्म से मृत्यु तक का सिरा जोड़ने में काफ़ी वक्त गुज़रा। कुछ–कुछ वैसा था जैसे कि कोई तस्वीर बनानी हो और मूर्तिकार को यह न पता चले की माथा कितना चौड़ा बनाना है और नाक कितनी सीधी? दूसरा, लोई को मुझे आज के सन्दर्भ के लिये ज़रूरी औरत की तरह देखना था। कबीर को देखने की मेरी अपनी समझ है, जिसे मैं कबीर से ही सीखता हूँ। लोई को कोई कबीर की दासी, कोई विधवा, कोई सेविका बताता है। कबीरपन्थियों में एकमत तो यह है कि लोई उनकी पत्नी नहीं थीं। यहाँ तक भी कि कबीर की कोई पत्नी ही नहीं थी। एक और मत है, जिसमें कबीर की दूसरी पत्नी रमज़ानी का ज़िक्र आता है। रमज़ानी के भी दो बच्चे थे।

कबीर के बेटे कमाल के लिये आता है कि वह कबीर के शिष्य थे, बेटे नहीं। लोई के अस्तित्व को नकारने वाली कबीरपन्थी धारा के अनुसार, लोई, कमाल और कमाली कबीर की शिष्य–शिष्या थे, उनके पत्नी और पुत्र–पुत्री नहीं। लोई को सम्बोधित करते हुए पद उसी शिष्या के नाम हैं। यहाँ ग़ौरतलब है कि ऐसी बातें ज़्यादातर वे हैं, जो कबीर को चमत्कारी पुरुष मानते हैं।

कबीर के जीवन से जुड़े चमत्कार की भी अनगिनत कहानियाँ हैं। मैं कबीर का कोई आधिकारिक अध्येता नहीं हूँ। थोड़ी–मोड़ी समझ के आधार पर इतना समझता हूँ कि कबीर पूरे जीवन अन्धविश्वास और पाखण्ड से लड़ते रहे। उनका लक्ष्य एक तर्कशील समाज बनाना था, जो मानने से पहले जानने की कोशिश करे। ऐसे कबीर अपने जन्म की कथा में कमल के फूल के ऊपर तैरते पाये गये। सिकन्दर लोधी को चमत्कार से परास्त किया। मगहर में चमत्कार के सरोवर बनाकर लोगों को जीत लिया, कपोल कल्पित हैं। कबीर की ऐसी तस्वीर, जिसमें उनके पीछे ज्योतिपुंज चमक रहा है। मोरपंख लगा है। इनके कबीर मन्दिर में विराजते हैं। कबीर की कथा सुनाने वालों और बाद के कई भक्तों ने कबीर के जीवन के हर हिस्से में चमत्कार जोड़कर कबीर होने के मूल अर्थ को ही काफ़ी नुक़सान पहुँचाया है।

कबीर के जन्म की चमत्कार की बात हो चुकी है। मृत्यु की बहुप्रचलित कथा कि उनका शव ग़ायब हो गया, वहाँ फूल बचे। बीच में देखिये कि विवाह को लेकर एक कथा जो उनकी पत्नी लोई का प्रेमी था। कबीर जब लोई को प्रेमी के पास पहुँचाने जाते हैं तो उनके पाँव में कीचड़ न होने से उसका प्रेमी पूछता है कि बाहर बारिश है, तुम कैसे आयी? उसने बताया–कबीरा काँधे पर ले आया है। प्रेमी भावुक हो गया और जाकर कबीर के पैर पकड़ लिये और कबीर का शिष्य बन गया। इसी तरह गृहस्थ कबीर ने एक बार साधुओं को भोजन पर आमंत्रित किया। उनके घर में खाने का सामान न था। लोई ने गाँव के सेठ को भोजन के बदले ख़ुद को सौंपने की बात की। वहाँ भी कबीर लोई को लेकर सेठ के घर जाते हैं।

सेठ को जैसे पता चलता है तो वह पैरों में गिरकर माफ़ी माँगता है और कबीर का शिष्य हो जाता है। ऐसा लगता है कि देवी–देवताओं की चमत्कार कथाओं से प्रेरित होकर उनके शिष्यों ने बाद में इस तरह की कहानियाँ जोड़ीं, जिसमें कबीर को अवतारी पुरुष बताया जाये। इस तरह के जोड़–घटाव से उनके कुछ शिष्यों को सम्भव है फ़ायदा हुआ हो, एक और ईश्वर मानकर समाज के कुछ हिस्से उनसे जुड़े हों, लेकिन कबीर जैसा समाज चाहते थे, वैसा बनाने की उनकी मुहिम को बहुत धक्का लगा। आज कई कबीर मन्दिर में ख़ास किस्म की कबीर आरती गायी जाती है। 'कबीर जयन्ती' में ख़ास किस्म का वस्त्र और पूजन के नये बने तौर–तरीक़े से कबीर की पहचान मुझे स्वीकार्य नहीं है। इससे एक नुक़सान यह भी हुआ कि कबीर के इर्द–गिर्द के चरित्रों को बहुत निचली सीढ़ी पर खड़ा करके देखा गया, यहाँ तक कि उनकी पत्नी को दीन–हीन बना के प्रस्तुत किया गया। ऐसे में ज़रूरी है कि कबीर का पुनर्पाठ हो, ताकि एक तार्किक कबीर हमारे सामने रहे। यही काम इस बार नाटक के जरिये करने की कोशिश कर रहा हूँ।

अब लोई के व्यक्तित्व के बारे में उपलब्ध विवरण देखिये। लोई को जिस तरह प्रस्तुत किया गया है, वैसी एक साधारण कपड़े में दासी के तौर पर बैठी हुई तो क़तई नहीं रही होगी जो तब के जोगियों के दल को यह कहने पर कि 'हम म्लेच्छ स्त्रियों के मुँह नहीं लगते', लोई ही कह सकती थी कि तुम सब अपनी माँओं के शापित हो। चट्टान जैसी 'लोई' मिट्टी की बनी नहीं हो सकती कि जिस पर पानी डालकर गला देने की कोशिश हुई। वह पत्थर की है, तभी पानी डालने से वह और भी निखरकर हमारे सामने आती है। लोई के जन्म के बारे में यह भी कहा जाता है कि वह एक वैरागी सन्त को गंगा में बहती हुई मिली। सन्त कुटिया में ले आया। बच्चे को 'लोई' में लपेटकर रखा ताकि उसे ठण्ड से बचाया जा सके। बैरागी कन्या कुटिया में आने वाले साधु–संन्यासियों की सेवा करने लगी। एक बार कबीर साहब आये,

उन्हें लोई बहुत समझदार लगी। वह लोई को वैरागी सन्त की सहमति से साथ लेते गये। बाद में कबीर ने लोई से विवाह किया। लोई के बाक़ी जीवन की जो मुखरता है, उससे यह कहानी कहीं जुड़ती नहीं। कबीर को पहले दिन से ही ईश्वर बनाने वाले लोग इस तरह की जनश्रुतियों के जनक रहे होंगे। स्त्री के प्रति समाज की धारणा भी इसमें कारण के तौर पर शामिल रही होगी। बहरहाल, मैंने जो ये लोई और कबीर की कथा लिखी है, उसमें से सायास ऐसे सारे हिस्से निकाल दिये हैं। कबीर के कहे की भी चमत्कारिक व्याख्या न हो, इसका भी पूरा ध्यान रखा है। इस बारे में हमें सुधारवादी सन्तों का ऋणी होना चाहिए कि उन्होंने कबीर के कहे को ही आधार बनाकर बात आगे बढ़ायी।

कबीर के इस नाटक में जो दोहे और भजन प्रयोग किये गये हैं, उनके बारे में भी बात करता चलूँ। यह सच है कि कबीर ने इन दृश्यों के लिये ये पद नहीं कहे। दृश्य को सन्दर्भ से जोड़ने और कबीर के कहे को विस्तार देने के लिये इनका यहाँ इस्तेमाल किया गया है। कबीर निर्गुण ब्रह्म के उपासक थे। उनकी रचनाओं को व्यक्तियों से सीधे सम्बोधन को कैसे पढ़ा जा सकता है? यह सब इसलिए लिख रहा हूँ ताकि आज सोशल मीडिया के युग में हर चीज़ को देखने वाली आँख इतनी संकुचित और संकीर्ण है कि किताब या नाटक तक पहुँचे बिना उसका नतीज़ा निकालना शुरू हो जाता है। जैसे, पुराने दस्तावेज़ों में लिखा जाता है कि ताकि सनद रहे और वक़्त ज़रूरत काम आये, इसीलिए ये बातें अतिरिक्त तौर पर लिख रहा हूँ।

मेरा मन्तव्य किसी की आस्था को आहत करना नहीं है, बल्कि यह कि कबीर और लोई जिस तरह का समाज चाहते थे, उसे बनाने में उनका कहा काम आये। इसलिए ज़रूरी है कि इन्हें आज के चश्मे से देखा जाये। यह नाटक कोई इतिहास की पुस्तक नहीं है। शुरू में मैंने लिखा कि जनश्रुतियों और जहाँ–तहाँ पढ़े को जोड़कर मैंने लोई की तस्वीर बनायी है। मेरे पास जो सन्दर्भ थे, मैंने लिख दिये हैं। आपको नाटक पूर्ण काल्पनिक लगे तो भी मुझे स्वीकार्य है। मेरा ऐसा कोई आग्रह नहीं है कि इसे प्रामाणिकता के चश्मे से देखा

जाये। मेरे लिये लोई एक साधारण स्त्री को ताक़त देती हुई नज़र आनी चाहिए। कबीर एक पुरखा, जिसके जैसा पुरुष हम होना चाहते हैं। यहीं एक और बात का ज़िक्र करता चलूँ कि कबीर के पदों को लेकर बहुतेरी व्याख्याएँ हैं कि वह स्त्री विरोधी थे, जाति प्रथा के समर्थक थे या फलां पद से वह अमुक के समर्थन में थे, अमुक के विरोध में। इन सारे विरोधाभासी विचारों का मैं स्वागत करता हूँ, लेकिन यह ध्यान रहे कि यह लोई की कहानी है, कबीर जिस रूप–स्वरूप में लोई को स्वीकार है, उसी तरह वह आते हैं।

कुछ ज़रूरी ज़िक्र : आदरणीया चित्रा मुद्गल : आपकी लिखी भूमिका मेरे लिये लोई की पहचान के सूत्र वाक्य हैं।

पण्डित नरेश मिश्र : आपके लिखे नाटक, कही गयी बातें मुझे हमेशा प्रेरणा देते रहे। लोई का पहला ड्राफ्ट आपको सुनाने के बाद ही हिम्मत जगी कि आगे लिख सकता हूँ।

प्रोफ़ेसर अमिताभ श्रीवास्तव : आपके विचार और सुझाव से ही यह कृति नाटक जैसा कुछ बन सकी। डॉ. सुधांशु मालवीय : आपको पाण्डुलिपि न भेजता तो कितना कुछ अधूरा रह जाता। डॉ. प्रभात ओझा, 'प्रवीण शेखर, डॉ. शिशिर सोमवंशी, राधा रमण जी और दिनेश श्रीनेत' आप सब तो मेरी ज़िन्दगी के अटूट हिस्से हैं। आप सबके योगदान के बिना किताब पूरी नहीं होती। मनोज छाबड़ा : आपने रेखाओं और रंगों से जिस लोई को रचा वह मेरी सोच की लोई का ही प्रतिरूप है।

मेरी बात पूरी हुई। अब आप लोई से मिलिए। लोई की दृष्टि से कबीर को देखिये और कबीर की आँख से लोई को। लोई से मिलिये भी, उसके जीवन से गुज़रते हुए मुमकिन है, वह आसपास देह धरे कहीं मिल जाये।

सादर,

नयी दिल्ली

–प्रताप सोमवंशी

ठहरे जल में एक कंकड़ी

तेजस्वी युवा कवियों की पीढ़ी में प्रताप सोमवंशी जितने ख्यात अपनी विवेकपूर्ण सन्तुलित पत्रकारिता के लिये हैं उससे कहीं अधिक वे अपनी विचारोत्तेजक अनुभूतियों और संवेदनशील सघन, सहज ठहरी हुई कविताओं की मर्म छूती अभिव्यक्तियों के लिये जाने जाते हैं, लेकिन इधर उन्होंने हम लोगों को चौंका दिया है, रंगकर्म के क्षेत्र में अपने नाटक लोई के माध्यम से।

मेरी धारणा है कि नाटक लिखना किसी भी सृजनकार के लिये उसके जटिल प्रत्यक्ष जवाबदेही भरे पाठ के अनुशासन के चलते बहुत बड़ी चुनौती है और उन चुनौतियों को स्वीकार कर पाना काफ़ी दुरूह मशक़्क़त का काम है। शायद यही वजह है कि अनेक शिखर स्थापित कवि, कथाकार और उपन्यासकारों ने अपने वैविध्य भरे बहुआयामी लेखन के बावजूद, नाटक विधा में लिखने की चुनौती से परहेज़ किया। कवियों में मुझे जयशंकर प्रसाद, धर्मवीर भारती के साथ याद आते हैं कथाकार मोहन राकेश, मुद्राराक्षस, भीष्म साहनी, गिरिराज किशोर, सुरेन्द्र वर्मा, स्वदेश दीपक, मन्नू भण्डारी, डॉ. शंकर शेष आदि।

अब लोई की बात। नीमा और नीलू जुलाहे का बेटा कबीर लोई के बिना अधूरा है। ज़ाहिर है, लोई को जानना ज़रूरी है। यह भी बाँटना चाहती हूँ आपसे, लोई के अन्तिम परिच्छेद से गुज़रने के बाद मेरा दावा है कि महीनों तक वह दारुण दृश्य आपको सोने नहीं देगा।

पूरे कौशल से सामाजिक इतिहास के अलिखित पृष्ठों से प्रताप सोमवंशी, उस सत्य को उजागर करने में समर्थ हुए हैं।

मैं अपने को रोकना चाहती हूँ, रोकने की कोशिश कर रही हूँ। मैं 'लोई', के नाट्य पाठ के तरल पृष्ठों की तरल इबारतों की तहों में बैठी लोई की कहानी को क़तई उजागर नहीं करना चाहती। उसे स्वयं अपने पाठ से बाहर आकर आप दर्शकों और पाठकों से प्रत्यक्ष संवाद करते हुए देखना चाहती हूँ। मैं चाहती हूँ, स्त्री विमर्श के पैरोकार इस नाटक को ज़रूर पढ़ें। पढ़ेंगे, देखेंगे तभी तो महसूस कर सकेंगे कि वह किस भ्रम में अब तक जी रहे हैं। ज़रूरी है, स्त्री–विमर्श के उन भ्रमजालों को साफ़ करना जो उनके स्त्री–चिन्तन में आये हैं। हम वर्तमान में उसी भ्रम जाल से चिपके हुए पाश्चात्य विमर्श को अपने कन्धों पर ढो रहे हैं जिस तरह से पण्डों के पाखण्डों को अब तक हमारा अन्धविश्वासी समाज ढोता चला आया है और ढोता जा रहा है। ज़रूरी है 'लोई', नाट्य कर्म के आप दर्शक स्वयं गवाह बनें कि किस तरह से लोई नाटक भारतीय स्त्री अस्मिता और स्त्री शक्ति का प्रतिरूप है। हम क्यों नहीं देखते इस ओर? कबीर पर दिग्गज रंगकर्मियों ने बहुत–से नाटक मंचित किये हैं और उनमें से अधिकांश को मैंने देखा भी है, मराठी और गुजराती भाषा में भी, लेकिन जिस-तरह से लोई के रंग पाठ को गहरी संलग्नता के साथ प्रताप सोमवंशी ने रचा–गढ़ा है, वह अद्‌भुत है। पाठ का नाट्य सौष्ठव भी अपनी दृश्यात्मकता में कौतूहल के कन्धों पर दुबका–दुबका आपको एक पल के लिये भी अपने से विलग नहीं करता है।

यह स्वीकार करने में मुझे क़तई हिचकिचाहट नहीं है कि जब मैं प्रताप सोमवंशी के नाटक, 'लोई' के रंग पाठ से गुजरी, तो उस झकझोर देने वाले पाठ ने मुझे कई कई बार अपनी लहूलुहान कर देने वाली खरोंचों और जोख़िम भरी साहसी पहलों से सोते से जगाकर बैठा दिया। मैंने पाया कि लगभग 600 वर्ष पूर्व जन्मी एक अति साधारण

मल्लाह की बेटी लोई मेरे सामने आ खड़ी हुई है, स्त्री के अबला व्यक्तित्व के पितृसत्ता द्वारा प्रचारित रूढ़ मिथ को तोड़ती हुई। एक आभासी काया के रूप में कहती हुई, ''मेरी ओर देखो। मैं पितृसत्ता के द्वारा गढ़ी गयी उनके संकेतों की दास स्त्री नहीं हूँ। मैं वह स्त्री हूँ, जिसने अपने हाथों से समय के संक्रमणों के बीच स्वयं को गढ़ा है। मैंने मीरा की तरह स्वयं को अन्वेषित किया है, ज़हर का प्याला हँसते–हँसते कण्ठ से नीचे उतारा है। मैंने महाभारत काल में स्त्री–अस्मिता के प्रश्नों से पाण्डव और कौरव कुल को कठघरे में खड़ा करने वाली स्वतन्त्रतचेता द्रौपदी के साथ–साथ इतिहास के उन पन्नों को जिया ही नहीं है, गवाह हूँ उस चौसर के दाँव की जिसने मेरे भीतर के हवन कुण्ड को प्रज्वलित कर दिया अपनी अस्मिता के प्रतिकार के लिये। हाँ, मैं वही लोई हूँ।''

बहुत कम लोग जानते हैं लोई कबीर की पत्नी थी। वही कबीर जिनके भजन वह समवेत स्वर में आत्मा मग्न हो नदियों के घाटों, अपने घरों की चौपालों और खेतों की मेढ़ों पर बैठकर गाया करते हैं। वही कबीर जिसने खरे–खरे शब्दों में उसे समझाया है और बार–बार समझाने की कोशिश करता रहा है और कर रहा है कि उन्हें, ''ईश्वर से मिलने के लिये कोई बिचौलिया नहीं चाहिए'। लोई उसी कबीर की पत्नी है, जिसने स्त्री होने के बावजूद बनारस के पाखण्डियों के द्वारा कबीर को गंगा नदी में डुबोकर ख़त्म कर देने की साज़िश को नाकाम कर पत्थरों से बँधी उनकी देह को डूबने से बचाया। अपनी सूझ–बूझ और विवेक से मुफलिसी के बावजूद अपनी पारिवारिक ज़िम्मेदारियों के साथ–साथ दाम्पत्य जीवन की परस्परता को जीते हुए लोगों को धार्मिक पाखण्ड और पाखण्डियों से मुक्त होने और मनुष्य होने की परिभाषा को जीने और उसे आत्मसात् करने के सन्देशों से उन्हें संस्कारित करने की सतत् चेष्टा की ताकि वे अपनी चेतना को अन्धविश्वासों और रूढ़ियों से असम्पृक्त कर सकें।

मैं प्रताप को बहुत–बहुत बधाई देना चाहती हूँ और शुभकामना। उन्होंने वर्तमान रंगकर्म के ठहरे जल में एक ऐसी कंकड़ी फेंकी है जिसका आलोड़न और कम्पन समकालीन नाट्यकर्म के इतिहास में अलग से एक नया पृष्ठ जोड़ेगा, ऐसा मेरा विश्वास है।

सस्नेह,

नयी दिल्ली, जनवरी, 2023

–चित्रा मुद्गल

पात्र–परिचय

लोई	:	कबीर की पत्नी
कबीर	:	सुधारवादी सन्त और कवि
नीमा	:	कबीर की माँ
कमाल	:	कबीर के पुत्र
कमाली	:	कबीर की पुत्री
सिकन्दर लोदी	:	लोदी वंश का द्वितीय शासक
ज़ुबैर	:	लोई के पिता का मित्र
इनके अतिरिक्त	:	दो सूत्रधार, लोई का पिता, एक बूढ़ी औरत, कुछ जोगी, कुछ पण्डे, शहर क़ाज़ी, सेनापति, सिपाही, दरबारी और आम लोग।

लोई

सूत्रधार : एक स्त्री और एक पुरुष कबीरपन्थी परिधान में यानी स्त्री ने सफ़ेद साड़ी और पुरुष ने गोल सफ़ेद पगड़ी पहन रखी है। दोनों दायें–बायें से एक साथ मंच पर आते हैं। दर्शकों के अभिवादन के साथ प्रस्तुति शुरू होती है–

स्त्री : सुनते हैं, गुज़रे ज़माने में कोई एक लोई थी।

पुरुष : लोई...कौन लोई...?

स्त्री : *(एक साँस में बोलती है)* लोई जो न किसी राजा की रानी थी न किसी बादशाह की बेगम। न किसी राज्य की राजकुमारी, न किसी सल्तनत की शहज़ादी। न कोई परी, न हूर, न अप्सरा, न रूपवती। न गायिका, न नर्तकी। न सती, न साध्वी। न तपस्विनी, न विदुषी और न देवी। *(साँस लेती है और एक पल ठहरती है)* जितनी तरह की स्त्रियाँ तुम्हारे ख़याल में आ रही होंगी, उनमें से एक भी नहीं।

पुरुष : *(विस्मय से)* तो क्या थी लोई?

स्त्री : लोई, एक लड़की जिसने संसार के सबसे प्राचीन नगर काशी के एक मल्लाह के घर जन्म लिया। पैदा होते ही माँ की मृत्यु हो गयी। पिता ने अकेले पाला और सँभाला। विवाह हुआ तो एक ऐसे शख़्स से जो न

हिन्दू था, न मुसलमान, न पूरा गृहस्थ था न पूरा संन्यासी।

पुरुष : अब ये कौन है?

स्त्री : अरे, इतने से भी बूझ नहीं पाये। सद्‌गुरु, कबीर, कबीर दास, कबीरा।

मसि कागद छुयो नाही, कलम गही नहीं हाथ।
चारों जुग कै महातम कबिरा मुखहिं जनाई बात।।

कबीर शब्द थे तो लोई उनकी कलम और स्याही। वह कबीर की परछाईं नहीं, उनकी पहचान थी। लोई उनकी सचुमच की अर्धांगिनी, जिसके होने से कबीर पूरा होता था। और हाँ, ये मैं नहीं कह रही हूँ, ऐसा तो कबीर कहते थे। पता है कि हज़ारों चादरें बुनने वाले जुलाहे कबीर ने पूरी उम्र में एक ही चुनरी बुनी वो भी अपनी लोई के लिये।

पुरुष : –(दोहा)

कबिरा खड़ा बाज़ार में लिये लुकाठी हाथ।
जो घर फूँकै आपना चलै हमारे साथ।।

स्त्री : सच है...कबीर के इस साहस के पीछे की ताक़त लोई ही थी। आइए, आज मिलते हैं अतीत की इस अनूठी औरत से...। इतिहास के पन्नों में खोई और सोई, लोई आज जागने जा रही है...।

(मंच के पीछे से गायन का स्वर)

–(दोहा)

कहत कबीर सुनहु रे लोई।
हरि बिन राखन हार न कोई।।

(रौशनी मद्धिम होती है, स्त्री और पुरुष मंच से चले जाते हैं।)

दृश्य : एक

(काशी के गंगाघाट का दृश्य है। दोपहर के पहले का दृश्य। घाट पर पण्डों के अलग–अलग रंग के झण्डे लगे हैं। दो या तीन तख़्त रखे हुए हैं, जिन पर टीकाधारी पण्डे बैठे हैं। कुछ लोग चहलक़दमी कर रहे हैं। तरह–तरह के शोर में आवाज़ें आ रही हैं। परिदृश्य में आगे वाला भजन बज रहा है। शंख भी दृश्य के बीच में बजता है, मन्दिर के घण्टियों की आवाज़ भी आती है। कोई पण्डा शीशे में देखकर तिलक लगा रहा है, कोई जजमान को मन्त्र पढ़ा रहा है। कोई दक्षिणा वसूल रहा है। एक बच्चे का मुण्डन हो रहा है। चार लोग एक अर्थी के साथ 'रामनाम सत्य' बोलते हुए भी मंच पर आते हैं और चले जाते हैं। आगे का पूरा भजन इसी दृश्य के बीच बजता है।)

घाट पर बैठा पण्डा : *(दूसरे पण्डे से)* का महाराज, क्या हालचाल है?

दूसरा पण्डा : *(आँखें नचाते हुए)* चकाचक भइया...चकाचक। *(भजन के बीच घाट पर दो पण्डों की बातचीत, संवाद ख़त्म होते ही भजन बजने लगता है।)*

—(भजन)

झीनी–झीनी बीनी चदरिया
काहै के ताना काहे के भरनी,
कौन तार से बीनी चदरिया।
इंगला–पिंगला ताना भरनी,
सुसमन तार से बीनी चदरिया।
आठ–कंवल दस चरख़ा डोले,
पाँच तत्त्व गुन तीनी चदरिया।
साईं को सियत मास दस लागे,
ठोंक–ठोंक के बीनी चदरिया।
सो चादर सुर–नर–मुनि ओढ़िन,
ओढ़ि के मैली कीन्हीं चदरिया।
दास कबीर जतन से ओढ़िन,
जस की तस धर दीन्हीं चदरिया।

(भजन धीरे होते–होते ख़त्म होता है। शोर की आवाज़ें, एक के बाद एक, तीन–चार आवाज़ें स्पष्ट सुनाई पड़ रही हैं। वे ज़ोर–ज़ोर से बोल रहे हैं "पापी, अधर्मी, नीच... इसका यही दण्ड है कि इसे गंगा माई में डुबो कर मार दिया जाये।" ये सब आवाज़ें परिदृश्य से आ रही हैं। मंच पर चार तिलकधारी पण्डे एक आदमी को गठरी में लपेटे लिये आते हैं। गठरी में कोई हलचल नहीं है। पण्डे गठरी रखकर सुस्ताने लगते हैं। कुछ लोग आ–जा रहे हैं।)

घाट पर बैठा
एक पण्डा : क्या है महाराज? क्या लिये जा रहे हो? शव है क्या?

गठरी पकड़े
पण्डों में एक : शव नहीं है, थोड़ी देर में शव हो जायेगा। पापी है, काशी को इस पाप से मुक्ति दिलानी है। इसे जल समाधि देने जा रहे हैं।

घाट पर बैठा
पण्डा : कौन है? क्या नाम है? क्या किया है इसने?

गठरी पकड़े
पण्डों में दूसरा : कबीर नाम है इसका, जुलाहा है। इसको लगता है कि काशी के पण्डितों से धरम ज़्यादा जानता है। हर बात की उलटबाँसी बना देता है... नीच। मन्दिर के सामने बैठे लोगों से आयँ–बायँ बकता है। कहता है, भगवान् यहाँ से कब का भाग गये, यहाँ तो अब लालच रहता है।

गठरी पकड़े एक
और पण्डा : *(पद वाचन करता है)*–

–(भजन)

मोको कहाँ ढूँढ़े रे बन्दे, मैं तो तेरे पास में,
ना मैं देवल, न मैं मस्ज़िद, ना काबे, कैलास में।
ना तो कौनो क्रिया–करम में, न ही योग–बैराग में,
खोजी होय तो तुरतै मिलिहौं, पल भर की तलाश में।
कहे कबीर सुनो भाई साधो, सब स्वांसों की

स्वांस में....

गठरी पकड़े
पहला पण्डा : यानी हर साँस में प्रभु है। इसके लिये हमारा कर्मकाण्ड ढोंग हो गया। एक यही सच्चा है बस।

घाट पर
बैठा पण्डा : *(विस्मय से)* अरे, ये वही कबीर है क्या जो नीमा और नीरू जुलाहे को लहरतारा के ताल में तैरता हुआ मिला था। *(हाथ दिखाते हुए)* *उधर किनारे वाली जुलाहा बस्ती के कोने के* घर में रहता है। वही कबीर ना...?

गठरी पकड़े
चौथा पण्डा : *(जो मोटा है और उन सबमें उम्रदराज़)* वही है, इसे गुरु रामानन्द जी ने ज्ञान दिया, लेकिन बूँद भर भी सनातन धर्म इसके भीतर नहीं घुसा। मुसलमानों ने पाला। यह मौलवियों, नमाज़ियों को भी गरियाता है। रोज़ सबेरे गंगाघाट पर आना और हमारा जजमानी का वक्त खोटा करना यही इसका काम है।

घाट पर बैठा
पण्डा : ये न हिन्दू का है, न मुसलमान का, तो है किसका? नास्तिक है क्या?

गठरी पकड़े
पण्डा : और नहीं तो क्या? ये कहता है मेरे राम का कोई मन्दिर नहीं हो सकता है, क्योंकि वह तो निराकार हैं। दशरथ के पुत्र मेरे राम नहीं हैं। मेरे राम तो मेरे भीतर हैं।

घाट पर बैठा
पण्डा : हद है, तब तो यह नास्तिक मूर्ख ही नहीं उदण्ड भी है। भगवान् राम पर सवाल उठाने

वाला तो राक्षस कुल का होगा। वैसे आज इसने क्या किया, महाराज?

गठरी पकड़े एक और पण्डा : पूछो मत, आज तो इसने हद कर दी। ध्रुवानन्द महाराज घाट पर बैठे माला फेर रहे थे। इस दुष्ट ने दोहे बोलना शुरू कर दिया।

–(दोहे)

माला फेरत जुग मुआ फिरा न मन का फेर।
कर का मन का डारि दे मन का मन का फेर।।
कबिरा माला मनहिं की और संसारी भेख।
माला फेरत हरि मिलैं गले रहंट के देख।।
माला तो कर में फिरे जीभ फिरे मुख माहि।
मनवाँ तो चहुँ दिस फिरै यह तो सुमिरन नाहिं।।

गठरी पकड़े दूसरा पण्डा : घाट पर बैठी स्त्रियाँ ध्रुवानन्द महाराज पर हँसने लगीं। स्त्रियों के सामने हुआ अपमान उनको बर्दाश्त नहीं हुआ। इतने दुखी हुए कि गंगा में जल समाधि लेने की बात करने लगे। बड़ी मुश्किल से हमने उनको समझाया–बुझाया। तभी इस कबीर को भी हमने धमकाया कि हमारे पण्डा–पुरोहितों को उलूल–जूलूल बोलने से बाज़ आये। कुछ तो घाट पर ही हाथ–पैर तोड़ने पर तुले थे, लेकिन लोगों ने कहा छोड़ दो तो हमने छोड़ दिया। थोड़ी देर बाद गये तो देखा, ये कुक्कुर की पूँछ घाट पर पण्डा लोगों को अण्ड–बण्ड बोलने में जुटा था। उसी के बाद तो हम लोगों ने तय किया कि ऐसे नहीं मानेगा। वहीं से इसे उठाकर ला रहे हैं।

घाट का पण्डा : लेकिन महाराज, मृत्युदण्ड कुछ ज़्यादा कठोर नहीं लग रहा है?

गठरी पकड़े एक पण्डा : *(क्रोधित होते हुए)* जो शास्त्र की भाषा नहीं समझता, उसे शस्त्र से ही समझाना पड़ता है। यही धर्म है। यह यज्ञ का राक्षस हो गया है, धर्म की रक्षा के लिये इसका वध ज़रूरी है। हमने इसे जगाने की बहुत कोशिश की, ये नहीं जागा। अब पूरी तरह सुलाने का वक़्त आ गया है।

गठरी पकड़े दूसरा पण्डा : अरे, ये तो यह भी कहता है कि जिनके हाथ–पाँव सही–सलामत हैं, उन्हें काम–धाम करके अपना जीवन–यापन करना चाहिए। ऐसे लोग दान और ज़कात पर पलें तो यह पाप है।

घाट का पण्डा : *(चौंकते हुए)* अरे, ये चाहता क्या है कि इस जुलाहे की तरह हम भी करघा चलाएँ, मोची की तरह जूता सिलें? राम, राम, राम, राम। प्रभु ने जिसको जिस जाति में जन्म दिया है, वैसे कर्म करे। यह तो सारा विधान पलटना चाहता है। पापी कहीं का! इसको तुरन्त ले जाओ गुरु और हाँ... इसे आगे जाकर फेंकना ताकि बचे ना। काशी में मरेगा तो इस पापी को भी मोक्ष मिल जायेगा। हमारे दान–दक्षिणा पर आँख गड़ाता है दुष्ट। *(पण्डा दोनों आँखें नचाकर पहले अपने पेट पर हाथ फिराता है और फिर अपने कटोरे में ऊपर तक भरे चमकते सिक्कों को देखता है)।*

(पण्डे मंच के एक किनारे पर हैं। कुछ एक–दूसरे से बात कर रहे हैं। मंच पर दौड़ती हुई चार–पाँच लड़कियाँ आती हैं। मंच पर पन्द्रह–सोलह साल की लड़की एक पैर से गिट्टी खेलना शुरू करती है। तीन लड़कियाँ उसे देखती हैं। चौथी लड़की एक और लड़की को मंच पर उँगली करके इशारा करके बोलती है।)

चौथी लड़की : ऐ लोई, देख तो ये पण्डा जी लोग किसको लेकर जा रहे हैं?

लोई : अरे हाँ, आओ चलकर देखते हैं।
(लड़कियाँ दौड़ती हैं। लोई आगे है, बाक़ी उसके पीछे खड़ी हो जाती हैं।)

लोई : ऐ महाराज...ऐ महाराज जी लोग।
(सुनते ही पण्डे ठिठकते हैं)

लोई : *(एक साँस में कई सवाल करते हुए)* महाराज, ये कौन है? कहाँ ले जा रहे हो? काहे बाँधा हुआ है? कोई चोर–लुटेरा है क्या? इस तरह क्यों बाँधे हो?

गठरी पकड़े सबसे बुजुर्ग पण्डा : तुम सबको इससे क्या काम? जाकर खेल, नहीं तो घर जा। इस आदमी के भीतर राक्षस आ चुका है, उसी राक्षस को गंगा में डुबोने जा रहे हैं।

लोई : आदमी में कैसे राक्षस आ सकता है और भगवान् सबको जिलाते और मारते हैं। आप लोग भगवान् थोड़ी हो? ऐसे किसी को मार

कैसे सकते हो? छोड़ दो बेचारे को...।

गठरी पकड़े

पण्डा : *(आँखें दिखाते हुए)* देखो तो इसको, बित्ता भर की है और ज़बान गज़ भर की। हम पुरोहितों को ज्ञान पिला रही है। इसकी हिमाकत तो देखो।

लोई : छोड़ो महाराज, इसे...छोड़ो।

(लोई पण्डों के और करीब जाने की कोशिश करती है। इससे पहले कि वह पण्डों को हाथ लगा पाती, पण्डे उसे लट्ठ दिखाकर डराने की कोशिश करते हैं। लोई कुछ बोलना चाहती है। पण्डे दुत्कार कर भगाते हैं। लोई सहित बाक़ी लड़कियाँ भय और विस्मय से पण्डों को देखती हैं। लोई कमर पर हाथ रखे पण्डों को घूरती है, फिर अगले क्षण 'बापू–बापू' कह कर स्टेज के दूसरी तरफ़ दौड़ती है। पण्डे कबीर को लिये हुए मंच के पीछे चले जाते हैं। पानी का शोर, पण्डों की आवाज़ें आती रहती हैं।)

लोई : *(सहेलियों से)* चल, बापू को बुला कर लाते हैं। नहीं तो ये लोग तो मार डालेंगे इसे।

एक सहेली : कहाँ होगा तेरा बापू...?

लोई : बापू तो पीछे वाले कच्चे घाट पर सब्ज़ियाँ धो रहा होगा...।

दूसरी सहेली : हाँ, मेरा बापू भी वहीं मछली पकड़ रहा होगा। चल, जल्दी बुलाकर लाते हैं। *(लड़कियाँ मंच से जाती हैं)*।

(पानी में कोई चीज़ फेंकने की आवाज़ आती

है। पण्डे ख़ाली हाथ मंच पर खड़े हैं। उनके चेहरे पर थकान और इत्मीनान है कि जैसे काम हो गया है।)

एक पण्डा : इस बार बीच धार में डुबोया है। अब देखते हैं यह दानव कैसे बचता है?

दूसरा पण्डा : चलिए महाराज, काशी को आज इस पापी से मुक्ति मिली। कई बरस से धर्म की नाक में च्यूँटी की तरह घुसा था।

('गंगा मैया की जय' बोलते हुए पण्डे एक–एक कर मंच से जाते हैं। मंच खाली हो जाता है। अगले ही पल लड़कियों का पुनः प्रवेश। उनके साथ दो–तीन लोग भी हैं। सब हाँफ रहे हैं, जैसे दूर से दौड़कर आ रहे हों। सब मिलकर तेज़–तेज़ चलते हुए दायें–बायें, आगे–पीछे कुछ ढूँढ़ रहे हैं। जल के कल–कल की तेज़ आवाज़ आ रही है।)

लोई : *(परेशान होते हुए)* यहीं तो गठरी में बँधा हुआ देखा था। पण्डा जी लोग भी जाने कहाँ चले गये। *(ख़ाली तख़्त दिखाते हुए)* यहाँ भी एक महाराज बैठे थे, वो भी दिखाई नहीं पड़ रहे।

लोई का पिता : तू सही कह रही थी। उसे नाव से जाकर कहीं बीच धार में तो नहीं डुबो आये?

(उचककर और आँखों को हाथ की छाँव देकर देखता है, जैसे गंगा में दूर तक कुछ तलाश रहा हो)

लोई : बापू, तब तो वो मर गया होगा।

लोई का पिता : ना बेटी, ऐसा नहीं कहते। निर्दोष आदमी की गंगा माई रक्षा करती हैं।

(इसके बाद लोई का पिता एक किनारे पर

देखता है। मंच पर वहीं अलग से रौशनी पड़ती है। वह 'मिल गया–मिल गया' की आवाज़ लगाता है। कपड़े में बँधा हुआ एक युवक पड़ा हुआ दिखाई पड़ता है। गठरी को देखने पर सिर के बाल ही बाहर नज़र आ रहे हैं। बाक़ी हिस्सा कपड़े में बँधा हुआ है)।

लोई : *(उँगली से इशारा करते हुए)* बापू, यही है। यही गठरी थी। देखो, हिल–डुल भी नहीं रहा है। ये तो शायद मर गया।

(गठरी के भीतर एक आदमी बँधा हुआ मिलता है। लोई और उसका पिता उसे खींचकर आगे ले आते हैं। गठरी खोलते हैं। युवक बेहोश है। शरीर पर जगह–जगह चोट के निशान हैं। लोई का पिता उसे पेट के बल लिटा देता है।)

लोई का पिता : *(लड़के को पहचानने की कोशिश करता हुआ)* इसे तो कहीं देखा हुआ लग रहा है।

(लोई और अन्य लड़कियाँ युवक को कौतुक के साथ देखती हैं।)

लोई का पिता : बिटिया जाकर जुबैर काका को बुला ला। उन्हें तजुरबा है पानी में डूबे आदमी को होश में लाने का। और हाँ, तुम्हें न लौटना हो तो उनके हाथ काढ़ा भी बना के भेज देना। होश में आने पर पिला देंगे तो जल्दी ताक़त आयेगी। तुम सब बच्चे भी घर जाओ।

(लोई और लड़कियाँ दौड़ती हुई स्टेज से चली जाती हैं। तीन–चार तमाशाई और मंच पर आते हैं। भीड़ का स्वरूप बन गया है।

'क्या–हुआ, क्या–हुआ' के स्वर... ।)

लोई का पिता : *(लोगों को बताते हुए)* भइया, मैं तो घाट पर सब्ज़ियाँ धो रहा था। मेरी बेटी और ये सब लड़कियाँ दौड़ती हुई आयीं। इन सबने बताया कि पण्डा लोग इसे मारने ले जा रहे थे। जब तक हम पहुँचे, पण्डा लोग फेंक कर जा चुके थे। ये तो गंगा माई ने भँवर में फँसने से बचा लिया। लहरें कमज़ोर होने के कारण किनारे आकर लग गया। बेचारे की जान बच गयी।

(सभी के चेहरे पर आश्चर्य के साथ ख़ुशी के भाव उभरते हैं।)

भीड़ में से एक : अरे, ये तो नीमा–नीरू जुलाहे का बेटा है... कबीर।

लोई का पिता : क्या कहा कबीर? कबीर दास? इनके बारे में तो सुना है। तभी तो कहूँ कि कुछ–कुछ पहचाना लग रहा है। ये तो अपना सत्संग लगाते हैं।

भीड़ में से दूसरा : हाँ–हाँ, इनके सत्संग में तो हिन्दू–मुसलमान सब आते हैं। मैं इनके सत्संग में जा चुका हूँ।

लोई का पिता : याद आया, पिछले बरस मैं भी ज़ुबैर भाई के साथ एक बार गया हूँ। मुझे याद आ गया कि इनकी झोपड़ी वहाँ उस तरफ है।

भीड़ में एक : ये तो ज्ञानी–ध्यानी हैं। ये तो अपना भजन गाते फिरते हैं। इनसे किसी को क्या ख़तरा हो सकता है?

लोई का पिता : यही तो ख़तरा है। नीची जाति का होकर लोगों को बैकुण्ठ का मतलब बताओगे तो

कुछ लोगों के पेट में दर्द होगा ही। अच्छा हुआ कि हम समय पर आ गये, नहीं तो आज ये जान से ही जाते।

(मंच पर दो–तीन लोग और आते हैं। मंच पूरी तरह भरा दिखता है।)

लोई का पिता : *(सबको हटने का इशारा करते हुए)* : चलो भैया, अपनी–अपनी राह लो। भीड़ मत लगाओ। यहाँ कोई जादू–तमाशा थोड़ी हो रहा है।

(जुबैर का स्टेज पर प्रवेश। उसके पीछे लोई आती है। लोग उससे पूछते हैं कि तुम्हारे सामने डुबोने ले गये थे? वह 'हाँ' में सिर हिलाती है और सबको इशारों से बताती है कि किधर से पण्डे आये, किधर ले गये। जुबैर कबीर को होश में लाने की कोशिश शुरू कर चुका है। दो लोगों की मदद से कबीर को उलटता–पलटता है। पीठ दबाता है, ज़ोर–ज़ोर से थपथपाता है, इस तरह पानी निकालने की कोशिश करता है। कबीर के मुँह से पानी निकलता है। कबीर को थोड़ी देर में होश आने लगता है।)

लोई का पिता : लोई, तू भी घर जा बिटिया। खाना–वाना बना, हम भक्त कबीरदास को उनके घर पहुँचा के आते हैं। *(अपने साथ के लोगों से)* भइया, तुम लोग भी जाओ। तुम्हारी मछलियाँ भी जाल में पड़ी होंगी। मेरी सब्ज़ियाँ भी मेरे घर पहुँचा देना।

(पहले लोई और सखियाँ मंच से जाती हैं।

जुबैर कबीर को खड़ा करने की कोशिश करता है। वह मुश्किल से खड़ा होता है। अगले ही पल लड़खड़ा कर गिरने लगता है। जुबैर सँभालकर कबीर को पीठ पर लाद लेता है। लोई का पिता जुबैर को चलने का इशारा करता है। लोई का पिता आगे जुबैर उसके पीछे–पीछे चलता जाता है।)

(परदे के पीछे भजन बजता है। रौशनी मद्धिम होती है।)

–(भजन)

साधो, देखो जग बौराना...।
साँची कही तो मारन धावै, झूठे जग पतियाना।
हिन्दू कहत, राम हमारा, मुसलमान रहमाना,
आपस में दौऊ लड़े मरत हैं, मरम कोई नहिं जाना।
बहुत मिले मोहि नेमी–धर्मी, प्रातः करे असनाना,
आतम छाँड़ि पषानै पूजै, तिनका थोथा ज्ञाना।
आसन मारि डिंभ धरि बैठे, मन में बहुत गुमाना,
पीपर–पाथर पूजन लागे, तीरथ–बरत भुलाना।
माला पहिरे, टोपी पहिरे छाप–तिलक अनुमाना,
साखी सब्दै गावत भूले, आतम खबर न जाना।
घर–घर मन्त्र जो देन फिरत हैं, माया के अभिमाना,
गुरुवा सहित शिष्य सब बूढ़े, अन्तकाल पछिताना।
बहुतक देखे पीर–औलिया, पढ़ै किताब–कुराना,
करै मुरीद, कबर बतलावैं, उनहूँ ख़ुदा न जाना।

हिन्दू की दया, मेहर तुरकन की, दोनों घर से भागी,
वह करै जिबह, वो झटका मारे, आग दोऊ घर लागी।
या विधि हँसत चलत है, हमको आप कहावै स्याना,
कहै कबीर सुनो भाई साधो, इनमें कौन दिवाना...।
साधो देखो जग बौराना...

दृश्य : दो

(कबीर का कच्चा घर। फूस की छत। घर के बाहर करघा रखा हुआ, जिसमें सूत फँसा हुआ है। एक तरफ़ सूत का ढेर लगा है। घर में ज़रूरत के बहुत मामूली से सामान रखे हैं। कबीर की माँ नीमा बेचैन दिख रही है, बार–बार घर के बाहर चक्कर काट रही है। वह एक बार घर के भीतर जाती है, फिर झल्लाती हुई बाहर आती है। थोड़ी देर बाहर इधर–उधर घूमती है, फिर अन्दर जाती है। बार–बार यही क्रम चल रहा है। घर के बाहर पड़ी चारपाई पर एक बूढ़ी औरत बैठी है। औरत हाथ के पंखे से ख़ुद को हवा कर रही है।)

बूढ़ी औरत : जी हल्कान मत कर कबीरा की माई। जहाँ भी होगा, थोड़ी देर में आ जायेगा। बैठ जा इत्मीनान से। शाम होने को है, *(आकाश की ओर देखते हुए)* पंछी भी घर लौट रहे हैं। कबीरा भी आ रहा होगा, जायेगा कहाँ?

नीमा : कब आयेगा? इन्तज़ार का एक–एक पल पहाड़ लगता है। ये कबीरा भी जाने किस दुनिया में रहता है? घण्टों या तो गंगा घाट

पर अक़ेले बैठा मिलेगा या तो लोगों से बात–बहस में भिड़ा रहेगा। अभी तो घाट भी देख आयी, वहाँ भी नहीं मिला। कोई भी दिन ऐसा नहीं होता कि जब इसे ढूँढ़ना न पड़े। सिवाय घर के इसे दुनिया का दर्द दिखाई पड़ता है।

बूढ़ी औ़रत : किस वक़्त घर से निकला था कबीरा?

नीमा : *(ख़ुद से ही सवाल–जवाब करती हुई, जैसे बूढ़ी औरत का बोला सुना ही नहीं हो)* सुबह मुँह अँधेरे ही निकला था, कहाँ गया होगा? *(बार–बार हाथ भींचते हुए कहाँ गया होगा, बुदबुदाती है)* जी कर रहा है कि आज डण्डे से पीटूँ इसे, रस्सी से बाँध दूँ, क्या करूँ इसका? कुछ समझ नहीं आ रहा, कैसे इसे घर पर रोकूँ।

बूढ़ी औरत : रहने दे, नीमा। फूल की छड़ी से तो तूने कभी कबीरा को छुआ नहीं। डण्डे से क्या मारेगी? तूने जिस तरह से कबीरा को पाला है, कोई सगी माँ क्या पालेगी? कबीरा के लिये तू ही देवकी और तू ही यशोदा माई है।

नीमा : अभी कुछ सुनना अच्छा नहीं लग रहा है, बहन। मुझे तो इस लड़के की वजह से रोज–रोज इतनी घबराहट होती है कि लगता है, एक दिन ऐसे ही प्राण निकल जायेंगे। *(औरत ढाढस बँधाने की कोशिश करती है, लेकिन नीमा के चेहरे से बेचैनी कम होने का नाम ही नहीं ले रही है।)*

बूढ़ी औरत : देख नीमा, बच्चे हमारे परेशान होने से तो

सुधरने से रहे और वो भी कबीरा जैसा बेटा। जवान लड़के के नकेल न डालो तो छुट्टा बछड़े की तरह रस्सा तुड़ाकर भाग जाते हैं।

नीमा : तू मेरे कबीरा को क्या जाने। वो तो हर नकेल तोड़कर भाग जायेगा। भला ये बताओ जिसे माँ का प्यार न रोक पाये, उसे ज़ोरू का मोह कहाँ से रोक लेगा?

बूढ़ी औरत : माई के प्यार में दुलार ज़्यादा मिला होता है। इसलिए बच्चे मनमानी कर जाते हैं। जोरू ही असली नकेल होती है जो ज़िम्मेदारी का एहसास कराती है। शादी के बाद एक से एक छड़े नाक की सीध में चलने लग जाते हैं। ज़ोरू आयेगी तो देखना, सधुक्कड़ी अपने आप आधी हो जायेगी।

नीमा : *(साँस भरते हुए)* तुम ठीक कहती हो, बहन। पर मुसीबत एक थोड़ी है? तुम्हें तो पता है कि कबीर हमारा कोख जाया नहीं है। अनाथ को हिन्दू–मुसलमान कोई अपनाने को तैयार नहीं होता, बेटी देना तो दूर की बात ठहरी। हम जुलाहों का हाल और ख़राब है। न हमें हिन्दू अपने में गिने न मुसलमान, मगर बेटा–बेटी ब्याहना हो तो ये जुलाहे भी अपने में ही ऊँच–नीच देखने लग जाते हैं।

बूढ़ी औरत : तूने टोले–मोहल्ले में शादी की बात चलायी कि नहीं?

नीमा : अरे, अगल–बगल वाले कबीरा से चिढ़ते हैं। कोई एक इसके ब्याह के बारे में पूछता होगा तो पाँच पड़ोसी मिलकर भड़का देते होंगे। मैं

पक्का कह रही हूँ, बहन, यही होता होगा।

बूढ़ी औरत : तू सबर कर नीमा। देखना, बहुत जल्द रिश्ता भी तय हो जायेगा। कहते हैं कि सोचे–सोचे और गाये–गाये बियाह होता है।

(नीमा मुस्कुराती तो है, लेकिन उसके चेहरे की बेचैनी कम नहीं होती है।)

(लोई का पिता। साथ में कबीर को कान्धे पर लादे जुबैर घर में दाख़िल होते हैं। कबीर होश में तो है, लेकिन काफ़ी ढीला–सा पड़ चुका है। जुबैर पीठ से उतारकर चारपाई पर लिटाता है। कबीर कराहते हुए बैठने की कोशिश करता है। दीवार की टेक लगाकर कबीर आधा बैठ गया है।)

नीमा : *(लगभग चीख़ते हुए)* क्या हुआ मेरे कबीरा को?

लोई का पिता : ये समझो बहन, गंगा माई ने तुम्हारा बेटा वापस लौटाया है। पण्डे तो मरा जानकर फेंक आये थे। ये तो कहो, मेरी बेटी लोई ने इसे देख लिया। समय से हम पहुँच गये थे।

(नीमा की आँख छलकने को है। वह कबीर को जगह–जगह छूती और चूमती जाती है।)

नीमा : अरे, ये तो जगह–जगह से चोट खाया है। कितनी बुरी तरह मारा है पापियों ने? *(कबीर को आहिस्ता–से पकड़ते हुए)* तू काहे लड़ाई–भिड़ाई करता फिरता है रे?

(कबीर कराहता है, चेहरे पर हल्की–सी दर्द मिश्रित मुस्कुराहट तैरती है। कबीर के बोलने

में आख़िर तक दर्द उसके चेहरे से झाँकता है।)

कबीर : *(नीमा के बालों में उँगलियाँ फिराता है। नीमा साथ–साथ बोलती और रोती जा रही है।)*

नीमा : *(आँख में आँसू भर आये हैं)* ऐसा कर कि तू मेरी जान ही ले ले। एक ही दिन में फ़ुरसत। तू और मैं, दोनों छुट्टी पा जायेंगे।

कबीर : *(कराहते हुए रुक–रुक कर बोलता हुआ)* सुन माई, तुझे तो पता है कि मेरी दो माई। एक तू और दूसरी गंगा माई। पण्डों ने मुझे मारा–पीटा, गंगा में बहाया। गंगा माई ने मेरी कमर पर बाँधे पत्थर खोले, नहलाया–धुलाया फिर किनारे लगाकर लोई और काका को बता दिया। देखो, मैं सही सलामत आ गया न तुझ तक?

नीमा : ये लो, ये लड़का सीधी बात करता ही नहीं है। हर बात जलेबी की तरह घुमा देता है। सीधे–सीधे एक बात बता तो कि आज क्या हुआ कि पण्डा महाराज लोग इतना गुस्सा गये कि जान से मारने पर उतर आये।

कबीर : दरअसल आज दो बार पण्डे–पुरोहित लोग उलझ गये। एक तो सुबह–सुबह घाट पर ध्रुवानन्द महाराज माला फेरते मिले। मुझे जो दिखा, उसी समय दोहा रचा और घाट पर सबको सुना दिया। सब हँसने लगे। वो खिसिया गये। मैं तो बस उन्हें अपने तरीक़े से समझाना चाहता था।

नीमा : तो तुझे ये उल्टा–पुल्टा करने की ज़रूरत क्या थी? सारी काशी का ठेका लिया है तूने

और तू जो कहता है, वही सही है क्या?

कबीर : उल्टा वो सोचते हैं माई। वो कहते हैं कि हम जो मानते हैं, तुम मान लो कि वही सही है। मैं कहता हूँ कि जान लो। मेरी और उनकी बात में बस इतना–सा फ़र्क़ है। वो सब कहते काग़द की लेखी, मैं कहता आँखन की देखी। जो मुझे दिखेगा अगर वो ग़लत है, मैं तो अपनी बात कहूँगा।

नीमा : *(झल्लाते हुए)* और दूसरी बात–बहस क्या हुई?

कबीर : आज पितरपक्ष का आख़िरी दिन है। सुबह घाट पर बहुत से लोग पिण्डदान के लिये सिर मुण्डवा रहे थे। पण्डे कह रहे थे जो तुम हमें दोगे, वह सीधा तुम्हारे पुरखों तक जायेगा। वो सब तर जायेंगे। मैंने कहा पण्डा महाराज, इन गरीबों के पुरखे तरें–न–तरें पिण्डदान की कमाई से आपकी पीढ़ियाँ ज़रूर तर जायेंगी।

लोई का पिता : *(हँसते हुए)* है तो गुस्सा दिलाने वाली बात और ये कोई जुलाहा ब्राह्मण देवता को ऐसा कहेगा तो सौ फ़ीसदी पिटने का योग तो बनता ही है।

कबीर : वो हुआ यूँ कि मैंने तब भी एक दोहा बना कर बोल दिया। दोहा सुनने के बाद ही पण्डों का गुस्सा सातवें आसमान पर चढ़ गया था। सब मिलकर मुझे मारने–पीटने लगे। वहाँ ध्रुवानन्द महाराज के चेले पहले से मुझे ढूँढ़ रहे थे। दोनों के चेले मिलकर काफ़ी लोग हो गये थे। मारा–पीटी में किसी ने मेरे सर

पर किसी चीज़ से प्रहार कर दिया था। बाक़ी तो मुझे कुछ याद नहीं। *(फिर कराहता है।)*

लोई का पिता : *(उत्सुकता दिखाते हुए मुस्कुराहट के साथ)* वैसे वो दोहा मूड़ मुड़ाने वाला क्या था?

कबीर : मूड़ मुड़ाए हरि मिलैं, सब कोई लेओ मुड़ाये।
बार–बार के मूड़ते, भेड़ न बैकुन्ठ जाये।।
(लोई का पिता और जुबैर एक साथ बोल पड़े–वाह–वाह)

लोई का पिता : *(हँसते हुए)* सच ही तो कहा, सिर मुड़ाने से अगर बैकुण्ठ मिलता है तब तो बैकुण्ठ में भेड़ें ही भेड़ें होंगी। भेड़ों को हमेशा ऊन उतारने के लिये मूड़ा जाता है।

नीमा : *(चिढ़ते हुए)* तुम सब और शाबासी देकर इसका दिमाग़ ख़राब करो। इसी से तो बिगड़ गया है। ये दोहा, कवित्त बनाना बन्द कर। जुलाहा है, जुलाहे का काम कर।
(कबीर धीरे–से मुस्कुराता है)

नीमा : सुन ले, तू न सुधरा तो मैं खाना–पीना छोड़ दूँगी। दुनिया को सुधारते रहना...तेरी माई स्वर्ग सिधार जायेगी।

लोई का पिता : बहन, गुस्सा मत करो। घाट पर लोग बता रहे थे कि कबीर बहुत बढ़िया चादर बुनाई करता है। *(कबीर की ओर मुड़ते हुए)* बेटा कबीर! मैं तुम्हें ज्ञान देने के क़ाबिल तो नहीं हूँ, पर दुनियादारी कहती है कि काम–धाम में मन लगाओ। माई ख़ुश रहे, यह भी तुम्हारी ज़िम्मेदारी है।

नीमा : भइया, आज ही कपड़ा बाज़ार से हीरा सेठ

का आदमी आया था। कह रहा था कि कबीरा रोज़ एक चादर बुने तो वह ख़रीद लेंगे। इसका हाथ इतना अच्छा है कि पूरे हाट में इसकी बुनी चादर की धाक रहती है, मगर ये भी तो कम नहीं। कहता है कि मैं चादर बुनूँगा तो जिसको ज़रूरत है उसे दूँगा, भले ही उसके पास मुझे देने के लिये कुछ न हो। महँगी क़ीमत पर अपनी मेहनत मुनाफ़ाख़ोर सेठ को नहीं बेचूँगा। इसको काम की क्या कमी है? बस। करघे पर इसका मन तो लगे। हफ्ते में एक चादर बना दे तो इसकी कृपा। घूम–घूम के बड़े–बड़ों से पंगा लेता रहता है।

कबीर : *(दर्द होने के कारण उसके बोलने की गति बीच–बीच में बाधित होती है)* माई, मेरा हुनर ज़रूरतमन्द के लिये है, जैसे मेरा सत्संग उनके लिये है जो धर्म के नाम पर हज़ारों साल से छले जाते हैं, उन्हें धर्म का असली मतलब बताना है। मेरे लिये करघा भी धर्म है। ताना–बाना मेरी पूजा है।

लोई का पिता : सच है, कबीर। एक बात बता कि तेरी बातें मेरे जैसे अनपढ़ की समझ में आ जाती हैं। ये छोटी–सी बात बड़े–बड़े ज्ञानी–पण्डित क्यों नहीं समझ पाते?

कबीर : धर्म उनके लिये नफा–नुक़सान का हिसाब भी है। उनका नफ़ा इसी में है कि वे मेरी बात समझ के भी न समझें।

नीमा : सुन कबीरा, ये समझ–बूझ से हमें क्या? हम

ग़रीब जुलाहे हैं। हमारी दुनिया में दो जून की रोटी से आगे कुछ भी नहीं दिखता है। ये जीवन–मरण, ईश्वर–सब बड़े लोगों की बड़ी–बड़ी बातें हैं। हमारे पास खेती–बाड़ी भी नहीं है। ये करघा और ताना–बाना ही हमारा आख़िरी ठिकाना है। मेरी जान फुँकती रहती है कि हम मर गये तो तुझ बावरे का क्या होगा?

कबीर : *(दर्द की टीस अभी बनी हुई है। बीच–बीच में कराह उठता है)* ऊपर साईं नीचे माई। मुझे कुछ नहीं होगा। तू फ़ालतू की बातें मत सोचा कर। *(कबीर नीमा के गाल से फिर गाल सटा देता है।)*

नीमा : *(मुस्कुरा देती है)* जादू–टोना जानता है मेरा कबीरा। *(लोई के पिता की ओर देखकर)* भइया, तुम्हें पता है, बचपन से बड़े–बड़े इसके सवाल का जवाब नहीं दे पाते थे, बाद में यही बताता था। हम ऊँची जाति के होते तो कबीर को सब बहुत बड़ा महात्मा मान लेते।

लोई का पिता : *(ज़ुबैर से)* मैं न कहता था ज़ुबैर भाई, इस कबीर में कुछ ख़ास है। हम नीच जात के लोगों से जो बात करना पसन्द नहीं करते, वो कबीर से लड़ते ही क्यों हैं? उनको कहीं न कहीं इससे कोई ख़तरा तो मालूम पड़ता होगा तभी इसे ख़त्म करने पर उतारू हैं। *(ज़ुबैर सहमति में सिर हिलाता है)*

लोई का पिता : बहन, आप बहुत भाग्यशाली हो जो कबीर

जैसे बेटे की माँ हो।

कबीर : *(लोई के पिता से)* नहीं काका, ये मेरी माई ही तो है जिसके कारण यह कबीर, कबीर है। यह तो मेरी पहली गुरु है। इसी ने तो मुझे पशु–पंछी, मनुष्य–सबसे प्रेम करना सिखाया। इसके भीतर भरी ममता का एक हिस्सा बन जाऊँ तो धन्य होऊँ। इसी की दी हुई ताक़त से कबीरा तनकर खड़ा रहता है। *(कबीर, फिर खड़ा होना चाहता है, दर्द से फिर लड़खड़ा कर बैठ जाता है।)*

नीमा : *(लोई के पिता से)* भइया, तुम भी समझाओ। जल्दी से ब्याह–व्याह करे। मेरी बूढ़ी हड्डियों में अब ताक़त नहीं इसके पीछे दौड़ने की। मैं तो इस घर में इसके बच्चों को दौड़ते देखना चाहती हूँ।

कबीर : काका, माई को तो कोई मिले, मेरा ब्याह कराने को कहने लगती है।

लोई का पिता : *(कबीर की ओर देखते हुए)* कबीर तो बहुत ही ज्ञानी और गुणी है। कोई भी लड़की इससे ब्याह करके धन्य होगी। मैं आया तो था कबीर को घर पहुँचाने। कबीर, उसकी माँ से उसका प्यार देखकर मुझे लग रहा है मेरी तलाश पूरी हुई। *(नीमा के आगे हाथ जोड़ता है)* मेरी एक प्रार्थना है। मेरी एक ही बेटी है लोई। बेटी क्या, सब कुछ है मेरी। बिन माँ की बच्ची। जन्म देते ही उसकी माँ चली गयी, मैंने पाँच–छह बरस तक उसे पाला। उसके बाद से वो मुझे ही पाल रही है।

बूढ़ी औरत : मैं कहती थी न कबीरा की माई, रिश्ता घर चलकर आयेगा। चल मुँह मीठा करा।

(नीमा की आँख नम हो जाती है। लोई का पिता साँस भरके आगे बोलता है। बोलते–बोलते उसकी आवाज़ भर्रा उठती है, नीमा पास पहुँचकर उसकी पीठ सहलाती है।)

लोई का पिता : आज कबीरा से भी तो उसी ने मिलाया। घाट पर न खेलती होती तो कहाँ से बचाने के लिये मुझे बुलाती?

नीमा : वैसे, तुम किस टोले के रहने वाले हो, भाई?

लोई का पिता : गंगा पार कछार के पास मल्लाहों की एक बस्ती है, माछरटोला। उसी में एक झोपड़ी है। पहले मछली पकड़ के लोगों को बेचता था। जब से लोई की बोलने की उम्र हुई, मछलियों को टोकरे में तड़पते–कूदते देख कर बहुत रोती थी। मुझसे कहती थी कि मत मारो इन्हें। एक दिन इतना रोई की दिनभर की पूरी मछली शाम को हाट ले जाने की जगह गंगा में वापस छोड़ आया। अब तो मुझे भी मछलियों से प्रेम हो गया है। कछार में सब्ज़ियों की खेती करके पेट पालता हूँ। जिस साल माई की कृपा रही, बाढ़ नहीं आयी, खाने को मिल जाता है। बाढ़ आ गयी तो सब कुछ बह जाता है, लेकिन इतना ज़रूर है कि गंगा माई ने जगाया भूखे ज़रूर, लेकिन भूखा कभी नहीं सुलाया।

(जुबैर बीच–बीच में हुँकारी भरता है।)

लोई का पिता : *(जुबैर का परिचय देते हुए आगे बोलता है)* ये लोई के काका हैं, मेरे पड़ोसी। लोई को इतने जतन से सहेजा है जुबैर भाई ने कि उस पर हक़ भी हमारा बराबर का ही है। वह

मेरी कम, अपने काका की बिटिया ज़्यादा है। दिन में 'बाबा–बाबा' से ज़्यादा 'काका–काका' बुलाती है।

जुबैर : *(नीमा से लोई के पिता की ओर उँगली करता हुआ)* देखा आपने, जलता है मुझसे।

(सब एक साथ मुस्कुरा देते हैं)

नीमा : एक बात और। जब शादी की बात है तो मैं तुम्हे ख़री–ख़री बात ज़रूर बताऊँगी। पहले इसकी सारी हरकतें जान लो। कल को ये मत कहना मुझे बताया नहीं।

(चारपाई पर आराम कर रहा कबीर एक झटके में उठने की कोशिश करता है, चीख़ निकल जाती है, लड़खड़ा कर गिरने को होता है। देह में दर्द है जो चेहरे पर उभरता है। फिर टेक लगाकर बैठ जाता है।)

कबीर : *(मुस्कुराने की कोशिश करते हुए)* काका, मेरी माई के दो ही मनमाफ़िक़ काम हैं। एक, मेरी लापरवाही गिनाना दूसरा मेरी शादी की बात। ये तो किसी दिन कोई न मिले तो घर के सामने के पेड़ से कहने लगती है, भइया कोई लड़की हो तो बताना। पेड़ बेचारे भी माई को देख के लजा जाते होंगे। वैसे पहले घर के सामने और पेड़ भी थे, माई का ब्याह पुराण सुन के कई भाग गये।

(उपस्थित सब हँसते हैं, नीमा धीरे–से कबीर को चपत लगाती है)

नीमा : बातें चाहे जितनी बनवा लो इससे। ये बता कि मैं क्यों न कहूँ? कौन हम ज़मींदार–नवाब हैं कि रिश्ता हम तक चल के आयेगा। हम

लोगों के यहाँ तो आस–पास में कह–सुन के रिश्ता होता है।

कबीर : और मेरी माई इतनी भोली है कि जिससे मेरी शादी की बात भी करेगी, उससे मेरी कमियाँ भी भरपेट गिनाएगी।

नीमा : बुराई नहीं बाबू, सही–सही बात। मेरी तो एक चाह है कि तू बार–बार सुनकर ही सुधार जाये। दूसरा इसलिए भी सब साफ़–साफ़ बता देती हूँ कि शादी–ब्याह की बात है। मैं अपने लोभ में किसी को अँधेरे में रखने वाली माई नहीं हूँ। कोई बेटी देगा तो उसे भी तो पता हो कि कहाँ और किससे ब्याह रहा है। *(लोई के पिता की ओर देखते हुए)*

(लोई का पिता मुस्कुराता है और दोनों हाथ जोड़े रहता है।)

लोई का पिता : *(मुस्कुराते हुए)* ये लो। मेरी लोई कम ढीठ थोड़ी है? वो जैसे मेरी माई है। कब खाया कब पिया, सबका हिसाब उसे देना पड़ता है।

जुबैर : *(बात काटते हुए)* न–न, ग़लत बात। अरे, हमारी लोई से ज़्यादा सेवा–टहल करने वाली लड़की न मिलेगी दूसरी। थोड़ा गुस्सैल है।

लोई का पिता : थोड़ा गुस्सैल? अरे, गुस्सा तो वो नाक पर चिपका के घूमती है। जो पसन्द नहीं, कोई करवा नहीं सकता। जो अच्छा लगा, उसे कोई रोक नहीं सकता। हाँ, ये है कि मेरी लोई सबकी दाई बन जाती है। बच्चा हो कि बूढ़ा, उसे लगता है कि उसी को सबका ख़याल रखना होता है। वो बेचारी याद ही नहीं कर पाती कि वो ख़ुद अभी बच्चा ही तो

है। *(आँख में नमी के साथ)* बिन माँ के बच्चे शायद ऐसे ही होते होंगे।

नीमा : भइया, मेरी ओर से आप तो ब्याह की तैयारी करो। बस, एक बार अपनी बिटिया से ज़रूर पूछ लेना। और हाँ, उसे सब बता भी देना। बाद में मुझसे न लड़े। मैं तो बोल दूँगी कि तेरे बाप को एक–एक कहानी बता चुकी हूँ। कबीरा के लिये तो मैं यही चाहती हूँ कि इसकी जोरू आये। इसका पाँव बाँधे और इसकी बक–झक पर ढक्कन लगाये।

(लोई का पिता खड़ा होता है। मुस्कुराते हुए हाथ जोड़कर आगे चलने की इजाज़त माँगता है। नीमा खड़ी होती है, कबीर बैठे–बैठे हाथ जोड़ता है। लोई का पिता और जुबैर परदे से बाहर जा रहे हैं। दूसरी तरफ़ कबीर का एक शिष्य मंच पर आता है)

कबीर का शिष्य : *(कबीर को देखते, छूते हुए)* सद्गुरु, बाहर सब लोग जमा हो गये हैं, लेकिन आज तो आप सत्संग में कैसे आयेंगे? आपको इतनी अधिक चोट लगी है।

कबीर : *(शिष्य से)* हाँ भाई, आज तो पण्डा–पुजारियों ने मेरी देह पूजा कर दी है, तो तुम लोगों के साथ भजन लायक़ बचा नहीं। खड़ा तक हुआ नहीं जा रहा है। आज जाओ, तुम लोग आपस में ही मिलकर भजन करो। तन स्वस्थ हो तभी भजन सुहाता है। भजन ज़रूरी है, मज़बूरी नहीं। मैं यहीं से लेटे–लेटे सुनूँगा और तुम सब के साथ ही गाऊँगा।

(मंच के पीछे शिष्य भजन गा रहे हैं। कबीर लेटे–लेटे दोहराते हैं)

–(भजन)

साईं से लगन कठिन रे भाई
जैसे पपीहा प्यासा बूँद का
पिया–पिया रट लाई।
प्यासे प्राण तड़फै दिन–राति,
और नीर ना भाई।
जैसे मिरगा, शब्द सनेही,
सब्द सुनन को जाई।
सब्द सुनै और प्रानदान दे,
तनिको नाहीं डराई।
जैसे सती चढ़ै सत ऊपर,
पिया की राह मन भाई।
पावक देख डरे वह नाहीं,
हँसत बैठे सदा माई।
छोड़ो तन अपने की आसा,
निर्भय है गुन गाई।
कहत कबीर सुनौ भाई साधौ,
नाहि तो जन्म नसाई।
साईं से लगन कठिन रे भाई...।

दृश्य : तीन

(शहनाई की आवाज़ आ रही है। एक वातावरण बन रहा है कि शादी का घर है। कबीर के झोपड़े में लोई और कबीर एक साथ बैठे हैं। घर में फूल–पत्तियों की मामूली–सी सजावट है। शहनाई की हल्की–हल्की धुन बज रही है। मामूली–सी चारपाई पर लोई दुल्हन के कपड़ों में सजी–सँवरी बैठी है। कबीर अपनी पारम्परिक पहचान के वस्त्र में लोई के पास बैठे हैं। कुर्ता–धोती, टोपी, चेहरे पर हल्की दाढ़ी है। कबीर एकटक लोई को निहार रहे हैं।)

लोई : *(लजाते हुए)* इतना घूर–घूर कर क्या देख रहे हो? मैं कोई डायन, भूत–चुड़ैल लग रही हूँ क्या?

कबीर : डायन, भूत–प्रेत, चुड़ैलों से तो बहुत प्यार करता हूँ मैं, पर क्या करूँ? बेचारे दिखते ही नहीं। तूने देखे हैं कभी?

लोई : तो मुझे देख लो। जब मेरी माई मरी थी तो आस–पड़ोस के लोग बोले थे कि ये डायन है। पैदा होते ही अपनी माँ को खा गयी। मेरी

काकी तो जब भी गुस्साती थी, झापड़ मारकर कहती थी, चुड़ैल माँ खा गयी अपनी।

कबीर : मूरख हैं सब जो भी ऐसा कहते–सोचते हैं। बच्चा तो साईं का रूप होता है। फिर यही लोग कहें कि डायन वो जो अपने बच्चे खा जाये, कोई बच्चा बेचारा डायन कैसे हो सकता है? यह तो सोचना भी पाप है।

लोई : *(खुश होते हुए)* तुम सच में बहुत ज्ञानी हो। तभी तो इतनी अच्छी बातें बताते हो। सच कहें, हम डायन कहाँ? हम तो आज भी हर औरत में अपनी माई को ढूँढ़ते रहते हैं, उस माई को जिसकी शक्ल भी मेरी याद में नहीं है।

कबीर : *(मुस्कुराते हुए)* ले मिल गयी न माई। अभी तक माई की याद आती थी तुझे, अब ये नयी माई तुझे नानी भी याद दिला देगी। कोतवाल है मेरी माई, तेरी सास सारी कसर पूरी कर देगी।

(लोई इठलाते हुए 'हाँ' में सर हिलाती है।)

कबीर : लोई, तुझे पता है। माँ क्यों लायी है ब्याह के?

लोई : मैं क्या जानूँ? लड़के–लड़की का ब्याह तो होता ही है। मैं नहीं आती तो कोई और आ जाती। उन्हें तेरे लिये बहुरिया तो लानी ही थी।

कबीर : मेरी माँ तो बहुरिया थोड़ी, छोटी कोतवालन ढूँढ़ रही थी मेरे ख़ातिर जो मुझे घर में कैद रख सके। उसे लगता है, तू ही है वो जो मुझे सत्संग लगाने से रोक कर करघे पर दिन भर खटने वाला कबीर बना देगी जो

सुबह से शाम काम करेगा, बच्चे पालेगा, घर बनायेगा। चादर बेच–बेच के हमारा पत्थर का महल बन जायेगा, जिसमें सोना–चाँदी भरा होगा।

लोई : अच्छा तो तू घर से बाहर रहता है। आवारा है या कोई साधू–जोगी? तभी तुझे घर–परिवार काटने दौड़ता है।...मैं कहूँ कि पण्डा जी लोग तुम्हें क्यों डुबाने ले जा रहे थे? तुम्हारी लड़ाई–वड़ाई होती होगी।

कबीर : *(चौंकते हुए)*–तो तुम्हारे बापू ने गंगा जी में डुबाने वाली बात बतायी थी। *(कबीर जान–बूझकर अनजान बनने की कोशिश करता है।)*

लोई : लो, कर लो बात। बापू क्यों बताने लगे भला? मैंने बताया था बापू को। हम सहेलियाँ वहीं घाट पर तो खेल रही थीं जब पण्डा जी लोग तुम्हें डुबोने ले जा रहे थे। वे कह रहे थे तुम्हारे अन्दर प्रेत है। तुम्हें पानी में डुबा देंगे तभी प्रेत जायेगा। मैंने ही तो बापू को बुलाया था तुम्हें बचाने। जुबैर काका को फिर मैं ही तो लेकर आयी। और जो काढ़ा उन्होंने तुम्हें पिलाया, वो मैंने ही बनाया था।

कबीर : *(हँसते हुए बोलता है)* अब समझा। तू है जो पहले प्राण बचाती है, फिर प्राण हरने के लिये घरैतिन बनकर आ गयी है मेरे पास। मतलब मेरी तेरी शादी प्रेत और चुड़ैल की जोड़ी है। *(मुँह बनाता है)* अब समझा।

लोई : *(व्यंग्य और नकली गुस्से में)* अच्छा तो मैं जान की दुश्मन हो गयी?

कबीर : वैसे ये मेरी बात नहीं है, ऐसा तो लोग–बाग कहते हैं।

लोई : और तू क्या कहता है? क्या मैं भी वही दुश्मन हूँ?

कबीर : मैं कहता हूँ कि तू बहुत भोली है रे। तेरे मन में जो दया है, वह किसी को भी अपनी ओर खींच सकता है, जो प्रेम है उससे हर कोई बँध जायेगा।

लोई : अच्छा जी, तुम तो बातें भी बनाते हो।

कबीर : ना री, झूठी तारीफ़ तो मेरे से किसी की न हो। मेरी मुश्किल ही यही है। क्या ये सच नहीं है कि तेरी दया भावना ने ही मुझे जीवन दिया। इस बात को मैं कैसे भूल सकता हूँ? तू यहाँ मेरी माई और साईं, दोनों की मरज़ी से ही तो आयी है और ये दोनों किसी ग़लत को मेरे पास फटकने भी न दें। पर तू बता लोई, मैं तुझे पसन्द हूँ कि नहीं?

लोई : पसन्द–नापसन्द मैं न जानूँ। बापू जब तुम्हारा बखान कर रहा था तब मैंने उससे ज़रूर पूछा था कि वो बहुत अच्छा है तो पण्डा लोग गंगा में क्यों डुबा रहे थे? बापू बोला–तुम बहुत ज्ञानी हो। तुम्हारे ज्ञान से वे डरते हैं। उनको लगता है, भगवान् का डर दिखाकर जो वो कमाई करते हैं, लोग तुम्हारी बात सुनेंगे तो उनके पास जाना बन्द कर देंगे। वे तुमसे डरते हैं, इसलिए बार–बार हमले करते रहते हैं।

कबीर : तेरा बापू तो बहुत समझदार है।

लोई : तो क्या मैं मूरख हूँ? अच्छा ये बता, तू मेरी

तारीफ़ कर रहा है कि बुराई?

कबीर : ना–ना, मैं कैसे तेरी बुराई कर सकता हूँ? तू तो बहुत प्यारी है। नहीं तो एक अजनबी की जान बचाने के लिये इतनी भागा–दौड़ी क्यों करती? तुझमें जो ये निःस्वार्थ प्रेम है, मेरा साईं वही तो पसन्द करता है। ऐसी जगह वह आसन लगा लेता है और जम जाता है। तेरे भीतर भी वही है।

लोई : तो तुम्हारा साईं मेरे अन्दर जम गया है?

कबीर : और नहीं तो क्या? साईं से बात करना कभी अके़ले में? वो भी तुम्हें यही बताएगा।

लोई : मिलेगा कहाँ मुझे। कहाँ तलाश करूँगी उसे?

कबीर : तुम्हें तलाशने की क्या ज़रूरत? साईं ने ख़ुद तुम्हें खोज लिया है। बस, ऐसी ही भोली–भाली बनी रहना। वह ख़ुद तुमसे मिलने आता रहेगा बार–बार।

लोई : तुम्हारी ये उलझी–उलझी बात मुझे समझ नहीं आती है। सच बताओ कि तुम साधू–फ़कीर हो क्या?

कबीर : ना री, मैं जुलाहा हूँ। दिन में ताना–बाना मिलाकर कपड़ा बुनता हूँ। समय बचा तो तन का ताना और मन का बाना मिलाकर साईं के प्रेम की चादर बुनने लगता हूँ। भजन करता हूँ। जो सही लगे उसे कहता हूँ, अब सुनने वाले कुछ लोग बढ़ गये तो वे उसे सत्संग कहने लगे।

लोई : तब तुम ये उलझी–उलझी बात क्यों करते हो? ये उलटबाँसी क्या है? पण्डा लोग कह

रहे थे तुम उलटबाँसी करते हो।

कबीर : जिसको सब उलटबाँसी कहते हैं, वो सब वही है जो मैं आँखों से देखता हूँ और महसूस करता हूँ कि सच है। सब को उलटा इसलिए दिखता है क्योंकि वे ख़ुद उलटे हुए हैं। मैं सीधे देखता हूँ इसलिए मुझे सीधा ही समझ आता है।

(कबीर भजन का पद पढ़ता है)–

–(भजन)

मेरा तेरा मनुआ कैसे एक होई रे...
मैं कहता हूँ आँखिन देखी,
तू कहता कागद की लेखी।
मैं कहता सुरझावनहारी,
तू राख्यो अरूझाई रे।
मेरा तेरा मनुआ कैसे इक होई रे...

लोई : तुम पूजा–पाठ कराते हो। टोना–टोटका, (कबीर को घूरते हुए)... तुम्हारा कोई मन्दिर है क्या?

कबीर : मैं लोगों को समझाता हूँ कि तुम्हारा ईश्वर तुम्हारे भीतर है। मन्दिर–मस्जिद सब तुम्हारे साथ–साथ ही चलता है, क्योंकि साईं तुम्हारे साथ है। कंकर–पत्थर जोड़कर अलग से मन्दिर–मस्जिद बनाने की आवश्यकता क्या है?

लोई : *(गुस्साते हुए)* तुम हो साधू–फ़क़ीर ही, वरना शादी की रात कोई ये सब बात लेकर बैठता है क्या? मेरी सखियाँ बताती हैं, उनके मरद ये बात करते हैं वो बात करते हैं। *(मुँह फेरती*

हुई) मुझे अब नींद आ रही है, अब मैं सोती हूँ।

कबीर : सच कहती है तू। मैं हूँ तो थोड़ा–सा खिसका हुआ, पर तू बता, तूने ऐसी शादी का सपना तो नहीं देखा होगा, जहाँ रहने को ठीक से झोपड़ा भी न हो। खाने का दो रोज़ का सामान भी नहीं। कल का खाना मिलेगा कि नहीं, इसका भी कोई ठिकाना नहीं। झोपड़ा भी रहेगा कि नहीं, ये भी तय नहीं।

लोई : *(कबीर की ओर मुँह करके)* तो मेरे घर में कौन से छप्पन पकवान पकते थे? मुझे किसी चीज़ का लालच नहीं है। बस, इतना ज़रूर सोचती थी कि मेरा मरद मन का भला होना चाहिए, जो बिल्कुल मेरे बापू की तरह हो... भला मानुस। जो मुझे समझे, मेरी बात सुने। डाँट–डपट, मार–पीट मुझे बिल्कुल पसन्द नहीं, जैसा कि मेरे टोले में होता है। *(थोड़ा अकड़ती हुई)*... वैसे मैं डरती भी नहीं। मैं मार खाने वाली लड़की हूँ भी नहीं, लेकिन झगड़ा–लड़ाई मुझे बिल्कुल अच्छा नहीं लगता। माछरटोला में औरतों से मारपीट देखकर मैं सोचती थी कि मैं ससुराल कभी नहीं जाऊँगी।

कबीर : तू बड़ा साफ़–साफ़ बोलती है रे। सचमुच बहुत प्यारी है। बोल, मेरी सखी बनेगी?

लोई : पत्नी सखी नहीं होती क्या?

कबीर : होना तो यही चाहिए, पर होता कहाँ है? तू ही अपने टोले के औरत मरदों के हाल बता

रही थी।

लोई : वो तो है।

कबीर : तो चल, आज से हम सखी–सखा हुए।

लोई : ठीक है मेरे सखा।

कबीर : सखा का रिश्ता बनते ही मन खुल जाता है। तूझे कुछ पूछना है? पूछ, सब बताऊँगा।

लोई : ना, जो जान गयी, काफ़ी है। तुझे कुछ जानना है तो बोल...।

कबीर : इस शादी से तू ख़ुश है? तेरे बापू ने कोई ज़ोर–ज़बरदस्ती तो नहीं की?

लोई : मेरा बापू इतना नेक है कि मल्लाह होकर वह मछली तक नहीं मारता तो अपनी बेटी से ज़ोर–ज़बरदस्ती क्यों करेगा?

कबीर : हर पिता को ये लगता है कि यह उसकी बेटी के लिये बेहतर होगी तो वह अनजाने में भी अपनी मर्ज़ी लाद देता है। वही मर्ज़ी बेटी के लिये ज़बरदस्ती हो जाती है।

लोई : ऐसा तू क्यों कह रहा है?

कबीर : तेरा बापू मुझ चोटिल को घर पहुँचाने आया। इतने में ही उसे मैं पसन्द आ गया। मेरी माई को तेरा बापू भी जँच गया। दोनों ने शादी की बात की और तेरा–मेरा ब्याह हो गया। ऐसे में तेरा मन क्या सोचता है? एक सखा ने यह सवाल पूछा है।

लोई : मेरा मन...*(एक पल को चुप रहकर कुछ सोचती है)*...मेरा मन क्या सोचेगा?

कबीर : अरे मैं पूछ रहा हूँ कि कोई लड़का तेरी पसन्द में था क्या? तेरे टोले में जिससे तू ब्याह करना चाहती थी।

लोई : ये क्यों पूछ रहा है तू? तुझे कोई और पसन्द थी क्या? मोहल्ले–टोले की कोई लड़की?

कबीर : नहीं री, मैं तो शादी–ब्याह के झमेले में फँसना ही नहीं चाहता था। मैं तो माई और साईं की सेवा में ही जीवन गुज़ारना चाहता था।

लोई : अच्छा तो मैं झमेला हुई? सीधे बोल ना कि पिण्ड छुड़ाना चाहता है। तूने मज़बूरी में मुझसे ब्याह किया। क्या मैं अभी से बोझ हो गयी तेरे ख़ातिर?

कबीर : नहीं रे, मेरे मन के भाव का इतना आसान मतलब मत निकाल। मैं शादी को लेकर भी गम्भीर हूँ, पर तू सखी है न तो तेरे मन को भी तो जानना है और अपना मन खोलना है। तू बता न? जब हम सखा–सखी हुए तो मन की बात तो होनी ही चाहिए न। क्या हम ख़ाली औरत–मरद भर हैं?

लोई : ये बात है तो सुनो, गाँव के साहूकार का बेटा है। बहुत पहले उसने मुझसे एक दिन कहा था कि वह मुझसे प्रेम करता है। मुझसे शादी करना चाहता है।

कबीर : और तू... क्या तू भी उसे चाहती थी?

लोई : वह भी मुझे अच्छा तो लगता था। सीधा–साधा इंसान है। इतने बड़े सेठ का बेटा होने के बाद भी धन का कोई घमण्ड नहीं। एक दिन उसने कहा कि वह मुझसे ब्याह करना चाहता है। मैंने कहा कि मैं ब्याह कैसे कर सकती हूँ? मेरा बापू अकेला हो जायेगा। उसने कहा कि वह मेरे बापू का बेटा बन जायेगा। उसकी यह बात मुझे बहुत अच्छी

लगी थी। सच तो यही है कि मैं तो शादी ही नहीं करना चाहती थी, तुमसे भी नहीं।

कबीर : ऐसा क्यूँ?

लोई : मेरा बापू मेरे बिना कैसे रहेगा, यही डर सताता रहता था। वो तो बापू बोला कि मरकर तेरी माँ के पास जाऊँगा तो क्या जवाब दूँगा कि बेटी को अकेला छोड़ आया?

कबीर : तू कितनी प्यारी है? वैसे, साहूकार के बेटे की बात तुझे बापू को बतानी चाहिए थी। तू बापू के बारे में इतना सोचती है तो वो भी तेरे बारे में कितना सोचता होगा? तू बता देती तो वह मुझसे ब्याह की ज़िद नहीं करता तुझसे।

लोई : मेरे बापू ने कोई जिद नहीं की मुझसे। वैसे, हमारे यहाँ लड़की कहाँ बताती है कि किससे ब्याह करेगी? बापू ने सीधे तुझसे रिश्ते की बात बतायी। कहा कि तू बहुत अच्छा इंसान है। तेरी माई भी बहुत अच्छी है। फिर बापू हमेशा कहता रहता था कि शादी–ब्याह बराबर की औक़ात के लोगों में ही ठीक रहता है।

कबीर : लोई लेकिन तूझे एक बार अपने बापू से कहना चाहिए था कि तुझे साहूकार का बेटा अच्छा लगता है। तेरा बापू एक बार रिश्ता लेकर तो जाता। मुझे पक्का यक़ीन है कि तू आज सेठानी बनी होती। तेरे बापू को अगर कभी ये बात पता चलेगी तो वह भी दुःखी होगा कि वह अपनी बेटी के मन का मान नहीं रख पाया। तुझे डरना नहीं चाहिए था।

लोई : बापू को क्यों भेजती...? शादी के लिये तो

साहूकार का बेटा खुद मेरा हाथ माँगने आने को तैयार था। अपने बापू से मैं डरती थोड़े हूँ? उससे तो मैं कुछ भी कह सकती थी। बापू जब तेरे घर से लौटा तो बहुत ख़ुश था। मैंने पहले कभी उसके चेहरे पर वो ख़ुशी देखी ही नहीं थी। तेरे और तेरी माई के बारे में बताते–बताते उसकी आँख भर आयी थी। मैंने सोचा कि बापू की इस ख़ुशी में ही मेरी ख़ुशी है। बापू, जिसने मेरे लिये दूसरा ब्याह नहीं किया। उसने मुझे माँ–बाप दोनों बनकर पाला है। *(लोई की आँख में नमी आती है)।*

कबीर : और साहूकार का बेटा। उसने तुम्हारे बापू से कोई बात नहीं की?

लोई : वो तो ज़िद कर रहा था। बोला कि वह जाति–पाँति, ऊँच–नीच नहीं मानता। मुझसे पूछा कि मैं पसन्द हूँ कि नहीं? मैंने कहा कि तू बहुत अच्छा है, लेकिन मेरे बापू ने जो मेरे लिये सोचा है, वह सबके लिये अच्छा होगा। साहूकार का बेटा तो ज़िद पर अड़ गया था। शादी के एक रोज़ पहले भी आया था। बोला, कि कबीरा के घर में तू कैसे रहेगी? तू जाना चाहती है तो जा। हाँ, अगर तेरा मन न लगे तो आ जाना। मैंने कहा कि शादी–ब्याह क्या ऐसे होता है कि एक दिन जाओ और दिल न करे तो आ जाओ। बोला कि मैं प्रेम करता हूँ, करता रहूँगा। तू ख़ुश सिर्फ़ मेरे ही साथ रहेगी। मैंने उसे डाँट दिया था। हालाँकि मैं उसके बाद रोई भी बहुत थी। वो क्या था, न तब समझ आया

और न अब समझना चाहती हूँ।

कबीर : सच ही कहता था साहूकार का बेटा। लोई, ये जो दुनिया के सुख हैं, सब मुझे दिखावे के लगते हैं। मैं इसीलिए ब्याह भी नहीं करना चाहता था कि कोई भी मेरे साथ अपनी मरज़ी को मारकर क्यों जिए? तुम दोनों एक साथ होते तो ज़्यादा ख़ुश होते। अब मैं देख पा रहा हूँ कि सचमुच वह तुम्हारे लिये सच्चा जीवनसाथी होता।

लोई : सब क़िस्मत का लेखा है। शादी–ब्याह आसमान में तय होते हैं, ज़मीन पर तो बस फेरे लगते हैं। यही सच है।

कबीर : *(गहरी साँस भरते हुए)* जो बीत गया वो बेहतर नहीं था, लेकिन मैं बहुत ख़ुश हूँ कि तूने मुझे अपना सखा समझा और दिल की बात बतायी। अब मेरा फ़र्ज़ है कि तुझे साहूकार के बेटे से मिलवाऊँ। शादी आसमान में से तय होती है, ये झूठ है। मैं इसी झूठ–फ़रेब से तो लड़ता रहता हूँ।

लोई : *(चौंकते हुए)* क्या? क्या बोल रहा है तू? पाप की बात करता है। तू मरद होकर क्या कहता है यह? तुझे कैसा लग रहा है? तू मुझसे चिढ़कर नहीं बोल रहा, ये क्या?

कबीर : तू ग़लत समझ रही है। असल में पाप ये नहीं है लोई जो मैं जान–समझकर बोल रहा हूँ। पाप तो अनजाने में, तेरे चुप रहने से हुआ। हमारे यहाँ लड़कियों से उनका मन जानने की ज़रूरत ही नहीं समझी जाती। तू जिसे जानती भी नहीं, उसके साथ पूरी उम्र रहने

को तैयार हो गयी। जिसके लिये मन में प्रेम था, उसके बारे में होंठ तक नहीं खोल सकी। और तो और, उस इंसान से भी नहीं कह पायी कि मुझे तुमसे प्रेम है।

लोई : अरे, हमारे यहाँ शादी–ब्याह तो ऐसे ही होता है न। बेटियाँ तो यही करती हैं न, जैसे मैंने किया।

(लोई के चेहरे पर तनाव आता जा रहा है।)

कबीर : लोई, मेरा साईं कहता है, जहाँ रहो ख़ुशी बाँटो। जैसे दुःख बाँटो तो आधा होता है, वैसे ख़ुशी बाँटो तो दोगुनी होती है। मैं मेरी माई, मेरा टोला, तेरा टोला, तेरे बापू–इन सबकी ख़ुशी का कोई मतलब नहीं है जब तक तू ख़ुश न हो। तू सबके सुख के लिये इतना कुछ सोच गयी तो तेरे सुख के लिये मेरा साईं मुझे भी सोचने को कह रहा है। मुझे पता चल गया है कि तू झूठ नहीं बोलती। तुझमें हिम्मत है कि तू स्वीकार रही है कि आज भी तेरे दिल में उसके लिये प्रेम है।

लोई : हाँ, ये सच है कि आज भी मुझे उससे प्रेम है, लेकिन उससे बड़ा सच यह है कि अब मैं उसके साथ पति–पत्नी की तरह होने को सोच भी नहीं सकती।

कबीर : एक दिन में क्या बदल गया, यही न कि तेरा ब्याह हो गया है। ब्याह कोई बन्धन नहीं है, यह तो मन का मिलन है। लोई, मैं एक बार तुझे साहूकार के बेटे से ज़रूर मिलाऊँगा। सखी, तू चल मेरे साथ। मेरा साईं सबकी

परीक्षा लेता है न, आज उसने मेरी बारी लगाई है।

लोई : तू पगला गया है? यह कैसे सम्भव है, वो भी अब? लोग क्या कहेंगे? मेरा बापू सुनेगा तो उस पर क्या बीतेगी?

कबीर : कौन–से लोग? वे पण्डा लोग, जो मुझे डूबने के लिये गंगा में डाल आये थे या ये वे लोग जो तुझे तेरी माँ की मौत के बाद डायन बताने लगे थे। सच तो ये है कि जो हमें प्यार करते हैं, जो हमें सुखी देखना चाहते हैं, जो हमारे खुशियों का ज़रिया बनते हैं, वही लोग हमारे अपने हैं। हमें भी सिर्फ़ उनकी परवाह करनी चाहिए। देख, तेरा सुख इस बात में है कि तू साहूकार के बेटे के साथ घर बसा। मैं फक़ीर तेरा सखा तो हो सकता हूँ, पति होने लायक़ नहीं हूँ। साईं ने मुझे ग़लती सुधारने का एक मौक़ा दिया है। चल लोई... अब फालतू में सोच मत।

लोई : मेरा तो माथा घूम रहा है। मुझे कुछ भी समझ नहीं आ रहा है।

कबीर : इसमें समझने की बात नहीं है पगली, महसूस करने की है। अब मैं तुझे आज ही साहूकार के बेटे से मिलाता हूँ। चल तू, एक बार देखते हैं, आगे राम जी की मरज़ी। जा, अपनी गठरी ले ले।

लोई : तो तुझे मैं बोझ लगने लगी ना? तूने कहा कि मन खोल, मैंने मन की गठरी खोल दी। अब तू मुझे सामान की गठरी बाँधने को कह

रहा है, कबीरा। एक बात ने तुझे पराया कर दिया?

कबीर : पगली, तू आयी थी मेरी पत्नी बनके। तू जा रही है तो मेरी सखी बन के। कहा था न कि सखी का रिश्ता हर रिश्ते से बड़ा होता है। तूने अपनी मन की गाँठ खोली तो तू सीधे मेरे मन में बस गयी। मैं तुझे पहुँचाने थोड़े जा रहा हूँ? ये मेरे साईं का काम है। कहा था न तुझसे, साईं कहते हैं कि सबको सुखी रखो। देखना, इससे साहूकार का बेटा, तू, तेरा बापू सब ख़ुश हो जायेंगे।

लोई : तू है क्या रे?

(उसकी आँख नम हो जाती हैं)।

कबीर : तू चल तो। अगर साहूकार के बेटे के मन में तुझे खोट दिखे या प्रेम रत्ती भर कम झाँके तो तुरन्त लौट आना मेरे साथ। ये घर जो अब तक तेरी ससुराल है, साहूकार के बेटे के साथ रहेगी तो मेरा घर तेरे लिये नैहर हो जायेगा। नैहर पर लड़की पूरे हक़ से आती है, तू भी आना।

लोई : और तू, तेरी माई...? कितने सपने पाले थे तुम्हारे ब्याह के? उस पर क्या बीतेगी...यह सब बोलते समय ये भी सोचा है?

कबीर : सुन, मैं तो इस बात पर ख़ुश रहूँगा कि तू ख़ुश है। रहा मेरी माई का सवाल, तो वो तो बस अपने कबीरा की ख़ुशी में ख़ुश रहती है। वो जितनी मेरी शिकायतें करती है, सब नौटंकी है। जरा देर को कहीं चला जाऊँ पागल हो जाती है। उसे मेरे सिवा दुनिया

में कुछ नहीं चाहिए। तू उसकी छोड़, मैं सब सँभाल लूँगा। जा, अपनी गठरी ले आ। *(कबीर उसकी गठरी बाँधने लगता है। लोई ठिठकती है, फिर हाथ लगाती है।)*

लोई : *(अधिकार के साथ फटकारती हुई बोलती है)* तू कैसा मरद है... रे? कैसे लोगों को मुँह दिखाएगा? शादी की पहली रात अपनी लुगाई को दूसरे के पास पहुँचाने जा रहा है। कल सुबह लोगों को तू क्या जवाब देगा? सब तो यही कहेंगे कि इसकी जोरू भाग गयी।

कबीर : मैं सिर्फ़ अपने साईं और माई के बारे में ही सोचता हूँ, बाक़ी दुनिया जो चाहे वो सोचे। मैं जानता हूँ साईं और माई, दोनों ख़ुश होंगे जब तू साहूकार के बेटे के पास जायेगी। अगर लोगों के बारे में सोचता तो अपने मन के भीतर के कबीर से कभी मुलाक़ात ही न कर पाता।

लोई : जो तू कर रहा है, तूने अपने साईं से पूछा क्या?

कबीर : साईं से पूछने की क्या ज़रूरत है मुझे? वह तो मेरे सोचते ही मुझे फ़ैसला सुना देता है कि सही क्या है ग़लत क्या? रहा लोगों का सवाल, तो वो तो जो मुझे प्यार करते हैं, वह वही चाहते हैं जो हम चाहते हैं, जो नापसन्द करते हैं वो उसका उल्टा चाहते हैं। अब सोच की हमें किन लोगों के लिये सोचने की ज़रूरत है। सच में किसी के लिये नहीं। *(लोई कबीर का मुँह ताक़ती रहती है)*

कबीर : आ सखी, चलने की तैयारी करते हैं।

(कबीर लोई की गठरी उठा लेता है, लोई और कबीर मंच से जाते हैं।)

–मंच के पीछे से गायन

–(भजन)

सबै रसायन मैं किया,
प्रेम समान न कोय।
रंचन तन में संचरै,
सब तन कंचन होय।
जोई मिलै सो प्रीति में,
और मिले सब कोय।
मन सो मन ना मिलै,
देह मिलै का होय।

दृश्य : चार

(चाँदनी रात है। बिजली भी कड़क रही है। हल्की–हल्की बूँदें टपक रही हैं। हवा की सायँ–सायँ सुनी जा सकती है। पगडण्डी पर सन्नाटा है। झींगुर, सियार और कुत्ते आदि की आवाज़ रह–रहकर आ रही है। कबीर और लोई अगल–बगल पैदल चल रहे हैं।)

लोई : हम चोरों की तरह अपने ही घर से निकले कि तुम्हारी माई जाग न जाये। जाने क्या जादू है तुझमें जो तेरी हर बात को हाँ करती गयी। जो तू कह रहा है, वो सच भी है, पर ये दिल सच को मानना भी नहीं चाहता है। क्या करूँ?

(कबीर आँख नचाकर हँसता है।)

लोई : बावरा है तू। मेरी जान सूखी जा रही है। तुझे ऐसे में भी ठिठोली सूझ रही है?

कबीर : अब क्या हुआ। मैं हूँ न? तू न मेरी माई की, न अपने बाप की फ़िकर कर। तू इस समय को देख। कितनी सुन्दर रात है? इतनी सुन्दर बारिश होने को है, इतनी बढ़िया बिजली कड़क रही है? जंगल के पशु–पक्षी, पेड़–

पौधे मजे कर रहे हैं। तू भी मौज कर।

लोई : पहला मानुष देखा है जो अँधेरी रात से डरता नहीं। बारिश और बिजली कड़कने में भी मौज ढूँढ़ रहा है।

कबीर : क्यों नहीं? हमारे लिये जीवन से मौत तक सब उत्सव है। इसीलिए तो मैं दिन भर पद गाता रहता हूँ।

लोई : ज्ञानी जी, अभी तो ये सारा ज्ञान ही काट खाने को दौड़ रहा है। मुझे ये समझाओ कि रात में ही निकलने की क्या ज़रूरत थी?

कबीर : तो क्या दिन में शहनाई बजाकर तू जाने को तैयार होती? और वो साहूकार का बेटा, दिन में सबको क्या कहता?

लोई : लेकिन रात में साँप–बिच्छू डस ले? हवा चल रही है, कोई पेड़ गिर जाये? किसी नदी या खाई में गिर गये तो?

कबीर : साँप–बिच्छू से कोई डर नहीं। पेड़ बेचारे तो अपनी जगह खड़े रहते हैं। हवा के डर से काँपते हैं, बस। सच तो ये है कि जिनसे हमें डरना चाहिए, उन्हें तो हम बस्ती में छोड़ आये। वे सब रात को अपने–अपने घरों में कुण्डी मारकर सो रहे हैं। हमारे साथ और हम में साईं चल रहे हैं, तो वो हर नदी–नाले, खाई से बचा लेंगे।

लोई : तो तुम्हारा कहना है मानुष की जाति ही सबसे ख़तरनाक है।

कबीर : हाँ, अगर आदमी इंसान होना छोड़ दे तो उससे डरावना कुछ भी नहीं। अक़ेला आदमी ही है जो बिना कारण भी किसी को नुक़सान

पहुँचा सकता है। उसे किसी का डर नहीं होता।

लोई : तुम्हारी उलटबाँसी तुम ही जानो। तेरी बातें आधी तो मेरे पल्ले नहीं पड़तीं। साँप–बिच्छू में भी तुझे अच्छाई दिखती है।

कबीर : क्यों, साँप–बिच्छू जंगल में सबके साथ कितने साल से साथ रहते आ रहे हैं। उनमें कोई छोटा–बड़ा होता है क्या? कोई हिन्दू–मुसलमान? क्या अपनी पहचान अलग करने के लिये एक ही क़िस्म के जानवर टोपी–टीका लगाते हैं। अच्छा ये बता, कभी वो दंगा करते हैं? एक–दूसरे को मारते हैं क्या? नहीं न, तो अच्छा कौन हुआ? साँप–बिच्छू या आदमी?

लोई : *(हल्के से मुस्कुराती है)* साँप–बिच्छू।

(कबीर एक प्यार भरी चपत लगाता है उसके सिर पर। लोई लड़खड़ाती है, गिरने को होती है। कबीर सँभाल लेता है।)

लोई : मेरा गिरना नहीं देखा गया तुझसे।

कबीर : तुम्हें प्रेम करना तुम्हारी परवाह करना है, तुम पर अधिकार पाना नहीं। रहा गिरने या बचाने का सवाल, तो मैं अपने सामने तो किसी को भी गिरने न दूँ।

लोई : मैं किसी नहीं, लोई हूँ, साहेब। थोड़ी देर पहले तू तो जीवनभर का सखा होने की बात कर रहा था। एक पल में बेगाना बना दिया?

कबीर : *(हँसता है।)* तू कहती है तू बावरी है। काश, दुनिया तुझ जैसी बावरी हो जाये। ज़्यादा समझदारी के फेर में ही दुनिया मूरख

बनी हुई है।

लोई : *(उँगली के इशारे से रोकते हुए)* तारीफ़ बिल्कुल नहीं। तू ये बता, गिरने से क्यों बचाया?

कबीर : (हँसते हुए) बनिये को लौटाना हो तो सामान सही–सलामत होना चाहिए न।

लोई : तुझे इस पर भी मसखरी सूझ रही है और ये बता कि तेरे लिये मैं सामान हो गयी? तू भी ना बाक़ी मरदों जैसा है।

कबीर : मरद हूँ तो हूँ *(कबीर बाल में उँगली फिरा के मुस्कुरा देता है)।*

लोई : कबीरा, ऐसा क्यूँ लग रहा है कि मेरा तन तो तेरे साथ चल रहा है, लेकिन मेरा मन तेरे घर पर छूट गया है। मैं क्या हूँ, कौन हूँ–कुछ तय ही नहीं कर पा रही हूँ और तू कौन है, यही बार–बार सोच रही हूँ। मैं जाना चाहती हूँ कि नहीं जाना चाहती, यह दोनों सच है जिसमें किसी एक सच को स्वीकार नहीं कर पा रही हूँ।

कबीर : ऐसा इसलिए कि तेरे दिल में प्यार ही प्यार भरा है। तुझसे जब एक अजनबी का डुबाया जाना नहीं देखा गया तो अब तो मैं तेरा सखा हो गया हूँ। तू मेरे ही बारे में सोच रही है न? *(लोई के सिर को पकड़ते हुए बोलता है)* छोटी–सी खोपड़ी है, ज़्यादा चिन्ता इसमें समा नहीं पायेगी। बताया न पगली, मेरा–तेरा सुख अब अलग थोड़ी है? तू ज़्यादा सोच मत, बस थोड़ी दूर और बचा है। हम पहुँचने ही

वाले हैं।

लोई : हम पहुँचने वाले हैं या भटकने वाले हैं? सच बता? सही क्या है? अभी तक समझ नहीं पायी। औरत क्या इसी उलझन को पूरे उम्र जीती है। चलती जाती हैं, लेकिन कहीं पहुँचती नहीं।

कबीर : इतनी उलझन काहे को लाद के घूमना? जीवन बहुत सरल है, नदी में अपने आप बहते जल की तरह। जहाँ ढाल मिलता है, चला जाता है, वैसे ही जाने दे। इतना क्या सोचना–बिचारना? तू बावरी ही अच्छी लगती है।

लोई : कबीर बता न, हम सही कर रहे हैं न?

कबीर : तू कुछ थोड़े कर रही है? मैं और तू साईं का हुकुम बजा रहे हैं। *(लोई को भावुक होता देख कबीर बात बदलता है)* छोड़ ये बात। सुन, तुझे एक राज की बात बताऊँ। कान इधर ला।

लोई : *(साथ चलती लोई कबीर के मुँह से कान सटाती है)* हाँ, बोलो न?

कबीर : *(चालाकी भरी आँखें नचाता हुआ बोला)* तुझे पता नहीं है, मेरा ब्याह तो पहले ही हो चुका है।

लोई : *(आश्चर्य और क्रोध के साथ)* क्या? किसके साथ? कब, तूने मुझे बताया क्यों नहीं धोखेबाज। तभी मैं समझी तू मुझे जल्दी से जल्दी क्यों घर से भगाना चाह रहा है? अब समझ आयी कि तू रात में क्यों निकला

ताकि अगले दिन तेरी ज़ोरू बवाल न करे। मुझसे ब्याह काहे को किया? तूने पहली वाली को बताया क्या?

कबीर : ओह...हो...जब तू ख़ुश या गुस्से में होती है तो एक साथ कई सवाल दागती है। समझदार लोई, पूछ तो मेरा ब्याह किसके साथ हुआ है?

लोई : मैं क्या जानूँ। तेरा हुआ है, तू बता। इतनी भली–भली बातें करता है और हक़ीक़त में ये करम। तू कैसा आदमी निकला। क्या–क्या सोचने लगी थी तेरे बारे में और तू...?

कबीर गाता है : सुन...सुन...सुन। मेरा ब्याह हुआ किसके साथ है, ये तो पूछ।

लोई : कोई होगी कलमुँही, जिसे तूने अपनी माई से भी छिपा रखा है। *(सिर पकड़ती है)* अच्छा तो तू यही चाहता था कि मेरा कोई प्रेम हो और मुझे भगाने के लिये तुझे बहाना मिल जाये।

(कबीर ज़ोर–ज़ोर हँसता है)

लोई : निर्लज्ज कहीं का! बता भी दे वो है कौन?

(जवाब में कबीर गाता है)–

–(भजन)

हरि मोर पियू, मैं हरि की बहुरिया
राम बड़े मैं छुटक लहुरिया
किया शृंगार मिलन की ताईं
काहै न मिलौ राजा राम गुसाईं
अबकि बेर मिलन जो पाऊँ
कहै कबीर भौ जलि नहीं आऊँ

लोई : तूने भगवान् से शादी की और उनकी दुलहिन

बन गया। हद है, ये तो कोई सोच भी नहीं सकता। मैं भी कितनी मतलबी हूँ? एक पल में ही तुझे बुरा बता दिया। हुँह...मैं कैसी औरत हूँ?

कबीर : ये जो औरत मरद का रिश्ता है न, बस देह रहने तक है। मेरा तो राम जी से ब्याह हुआ है जो रिश्तों के नाम और उम्र की सीमा से परे है।... और मैंने तो, मैंने राम जी से पूछकर तुमसे ब्याह किया था।

लोई : सचमुच का पगला है तू। देवता भी तो तेरे जैसा होता होगा न कबीरा। तेरे जैसा क्या, तू देवता ही है।

(लोई की आँखें नम होती है। इतना कहते–कहते लोई लड़खडाने लगती है।)

कबीर : क्या हुआ? सँभाल अपने आप को।

लोई : कुछ नहीं, कबीरा। देह में ज़ोर नहीं बचा। ऐसा लगता है कि अभी गिर पड़ूँगी। शरीर का सारा ख़ून निचुड़ गया है जैसे।

(फिर बिजली ज़ोर–से कड़कती है)

लोई : इस बिजली की पल भर की चमक में मुझे कुछ–कुछ दिख रहा है, कबीरा। लग रहा है कि चलूँ तो फिर गिर पड़ूँगी। मुझे सँभाल ले कबीरा।

कबीर : आ इधर, मेरे पैर से पैर मिलाकर रख तो न फिसलेगी न गिरेगी।

(लोई का हाथ अपने हाथ में इस तरह फँसाकर चलता है कि दोनों एक लय–ताल में चलने लगते हैं। लोई कबीर से सटी हुई उसके क़दम से क़दम मिला रही है।)

(मंच पर पीछे से दोहा गाया जाता है)–

—(दोहा)

विरहिन देह सन्देशवा, सुनो हमारी पीव।
जल बिन मछली क्यों जिए, बिन पानी का जीव।।

लोई की आँखें आँसू से डबडबा गयी है। चलते—चलते वह कब कबीर पर एक हिस्सा झुक चुकी है, उसे ख़याल ही नहीं है। (भीतर से आवाज़ आ रही है) — ये कैसा इंसान है? इसे हँसी—ठट्ठा सूझ रहा है। ये गाना गा रहा है। *लोई हुलस के ऐसे रोती है, जैसे किसी को पता न चले। बारिश की बूँदों के बीच उसके आँसू भी कबीर के हाथ पर गिरते हैं।*

कबीर : तू रो रही है क्या?

लोई : *(चौंकते हुए, भरे गले और रूखी आवाज़ में)* —तुझे कैसे पता? बात मुझसे कर रहा है, देख इधर—उधर रहा है। तुझे कैसे पता कि मैं रो रही हूँ? उल्लू की आँख लगी है क्या?

कबीर : मन की आँख से देखा है मैंने।

लोई : *(आश्चर्य से)* मन की आँख से... कैसे?

कबीर : पगली, बारिश की बूँद की ठंडाई और आँख के आँसू की गरमी का भेद न कर सकूँ, इतना तो कम नहीं सिखाया है मेरे साईं ने। मेरे हाथ पर गिरी तुम्हारे आँसुओं की बूँदें सीधा मेरे मन के भीतर पहुँच गयी हैं।

(लोई कबीर से हाथ छुड़ा के अलग खड़ी हो जाती है। उसका सब्र जवाब दे चुका है। वह फफक कर रोने लगती है। कबीर उसके पास जाकर सीने से लगा लेता है। लोई

और ज़ोर–से रोती है। कबीर उसकी पीठ सहलाता रहता है।)

कबीर : क्या हुआ?

लोई : इतना कुछ जान लेते हो, मेरे मन को नहीं जान पा रहे हो, न सुन पा रहे हो। लेकिन तुम क्या हो, मैं जान गयी। कठोर इतने कि दूसरों के सुख के लिये पत्नी को पहली रात त्यागने को तैयार हो गये और नाजुक इतने कि पानी और आँसू, दोनों का भेद पल भर में जान गये। कैसे कर पाते हो यह सब? कुछ घड़ी के साथ में इतना सारा प्यार? इतना विश्वास? कोई लोभ नहीं। कुछ खोने का डर नहीं। देवता भी ऐसे नहीं होते होंगे। हमेशा दूसरे की धड़कन सुनने का सब्र रखने वाले और अपने भीतर का शोर पी जाने वाले, तुम साधारण इंसान नहीं हो सकते।

(लोई फिर से रोने लगती है। कबीर उसका सिर सहलाता है।)

लोई : तुम अपने सुख के बारे में कभी सोचते भी होगे क्या? सब कुछ औरों के लिये।

(लोई कबीर के सामने अड़ के खड़ी हो जाती है।)

कबीर : सुन, मैं बताता हूँ तुम्हें।

लोई : बहुत बता चुके तुम। अब मेरी भी सुन लो।

(लोई दोनों हाथ जोड़ती है। कबीर उसके दोनों हाथों को थाम लेता है)।

लोई : देख कबीरा, तेरे बहुत चेले–चेली हैं। मैं भी उन्हीं में एक रह लूँगी, लेकिन अपने से अलग मत कर। –*(सिसकती है फिर तेज़*

साँस लेती है)।

कबीर : कौन तुझे अलग कर रहा है, पगली?

लोई : ये पगली जान गयी है कि जो बारिश की बूँद में आँसू की धार को अलग कर सकता है, वो कौन है? कौन है, जो साँप और बिच्छुओं से प्रेम करना सिखाता हो। वो कौन है जो कठोर है निर्मम है तो सिर्फ़ अपनी इच्छाओं के लिये। वो जो तुमसे मिलता है तो मिलता ही नहीं, तुम में घुल जाता है। तुम वैसे ही मुझ में घुल रहे हो, कबीरा। मैं बनी ही तुम्हारे लिये हूँ। मुझे महल–अटारी का ना मोह था, न सोने–चाँदी का लोभ। मेरा मन पढ़ो, कबीरा। तुम्हें रत्ती भर भी लालच मिल जाये तो कहो।

कबीर : लेकिन लोई। *(कबीर कुछ बोलना चाहता है, लोई हाथ के इशारे से रोक देती है।)*

लोई : लेकिन–वेकिन कुछ नहीं। तुम ऐसा कैसा सोच लेते हो, कबीरा। साहूकार के बेटे ने मुझसे ब्याह को कहा था। मैं जब तेरा घर छोड़ने को तैयार हो गयी तो अपने बापू से भी तो कह सकती थी। मैं कोई डरपोक लड़की नहीं हूँ, न ही मेरा बाप कोई कसाई था कि किसी खूँटे से मुझे बाँध आता। जाने क्या था जो तेरे समझाने में आ गयी। अच्छा ही हुआ, तुझे ठीक से समझ गयी। अब कोई उलझन नहीं बची है मन में। ये धीरे–धीरे जो उजाला हो रहा है, मेरा मन भी समझ गया है। अब तुम कुछ नहीं बोलोगे, सिर्फ़ सुनोगे।

(कबीर हँसता है।)

लोई : हँस क्यों रहे हो? तुम्हें पता है, मैं बहुत ज़िद्दी लड़की हूँ। यक़ीन न हो तो जाकर मेरे टोले में मालूम कर लेना। कुछ ठान लिया तो ठान लिया। जब मैं तेरे घर नहीं रहना चाहती थी तो तू रोक पाया क्या? अब मुझे कहीं नहीं जाना। तू मुझे भेज के दिखा।

कबीर : अरे, बाप रे। मैं कहता था कि तू कोतवाल है पूरी की पूरी।

लोई : हाँ, अब या तो यहाँ से तेरे घर जाऊँगी या सीधे गंगा जी में जाकर डूब मरूँगी।

कबीर : ये लो गंगा माई। अभी तक मेरे घर में एक ही थी तुझमें डूब के मरने की धमकी देने वाली, अब उसका जोड़ा भी आ गयी। बचाओ ख़ुद को माई। तू तो लोगों की जान बचा–बचा के ही परेशान हो जाती होगी।

(कबीर लोई के बालों को सहलाते हुए आकाश की ओर देखता है।)

कबीर : वाह राम जी, आपको सारी शरारत मेरे ही साथ सूझती है? और कोई नहीं मिला, गरीब जुलाहे को हर बार लपेटा करते हो? *(फिर ज़ोर–से हँसता है। लोई की ओर देखते हुए)* चल, घर वापस चलते हैं। गठरी घर के बाहर ही छुपा देना। दिन में फिर उठा लाना। भोर होने वाली है। माई जाग गयी होगी तो उसे समझाना भी आसान काम नहीं है। मैं तो बता दूँगा कि ये लोई ही मुझे बाहर घुमाने ले गयी थी रात में।

(लोई डबडबाई आँखों से कबीर को निहारती

है, दोनों चल पड़ते हैं। कबीर और लोई मंच से चले जाते हैं।)

पहले दोहा गाया जाता है फिर भजन

–(दोहा)

प्रेम छुपाये न छुपै, जा घट परघट होय
जापै मुख बोलै नहीं, नैन देत है रोय

–(भजन)

निस–दिन खेलत रही सखियन संग,
मोहि बड़ा डर लागे
मोरे साहब की ऊँची अटरिया
चढ़त में जियरा काँपे
घूँघट खोल, अंग भर भेंटे
नैन आरती साजे
कहै कबीर सुनौ सखि मोरी
प्रेम होय सो जाने
जिन प्रीतम की आस नहीं है
नाहक काजर पारे
प्रेम होय सो जाने...

दृश्य : पाँच

(नीमा घर के बाहर बेचैन टहल रही है। बार–बार हाथ मींच रही है और बड़बड़ाती जा रही है।)

नीमा : रात में लोई को लेकर कहाँ चला गया? आज तो हद हो गयी है? लोई को लेकर जाने कहाँ निकल गया है। सोच रही थी कि ब्याह की चक्की पाँव में बँधेगी तो घर पर रुकेगा, लेकिन ये तो चक्की को भी साथ लेकर भाग गया। आज आये तो नहीं छोड़ूँगी इसे। लोई को भी समझाना पड़ेगा कि पगले की हर बात माननेः की ज़रूरत नहीं है।

नीमा : *(नीमा सिर थाम लेती है)* रात में कहाँ गये होंगे। भोर होने को आयी। कहाँ जाकर तलाशूँ?

(नीमा चारपाई पर बैठ जाती है।)

कबीर और लोई का प्रवेश। शादी के जोड़े में लोई, बिखरे बाल, थकी हुई, चेहरा झुकाए खड़ी हो जाती है।

कबीर : *(नीमा को बाँहों में लपेटते हुए)* माई सुन तो...।

नीमा : *(कबीर को हाथ से पीटने लगती है, रोती भी जाती है)* तू मेरी जान का दुश्मन क्यों बना हुआ है रे...? और लोई, तू भी इसके कहे में आ गयी। इस घर में सिर्फ़ मेरी चलती है, याद रखना। इस बावरे की बात में मत आना, कहे देती हूँ। हाँ, तू बोल कबीरे। कहाँ गया था?

कबीर : कहीं नहीं माई। गंगा भी मेरी एक माई है। लोई को बताया और उसे मिलाने के लिये घाट तक ले गया था। हम घाट पर सैर कर रहे थे, बस। बन्द कमरे में तो दुनिया सुहागरात बिताती है। तू कहती है ना, मेरा हर काम उल्टा है तो मैंने भी सोचा क्यों न आसमान की गवाही में घाट पर रात गुज़ारी जाये? तेरी बहुरिया तो जा ही नहीं रही थी, मैं तो इसे जबरदस्ती ले गया था।

नीमा : देख, अब तू सीधा हो जा। जोरू के सामने मार खाने से बचना है तो सुधर जा। कुएँ की बाल्टी है तू। अपना तो अपना, चार हाथ की रस्सी भी साथ ले जाता है। *(लोई की ओर मुड़ते हुए)* तुझे तो अक्ल ठिकाने रखनी चाहिए थी। ये तो निरा बावरा है।

(लोई कुछ कहने के लिये मुँह खोलती है, बुदबुदाती है। कबीर आगे बढ़कर उसे रोक देता है। मुस्कुराकर नीमा मंच से चली जाती है, सिर्फ़ लोई और कबीर बचे हैं।)

लोई : *(कबीर के पास आते हुए)* सुनो जी, तुम तो बड़े झूठे हो। माँ से छुपा लिया कि रात कहाँ गये थे। डर गये थे माँ से? कह रहे थे कि मेरा नाम

लगा दोगे, उसका क्या हुआ?

कबीर : मेरे लिये सच–झूठ से ज़्यादा माई का मन न दुखे, इसकी फिक्र रहती है। मेरी माई का मन बहुत नाजुक है।

लोई : अच्छा तो ये नरमदिली तुझे यहाँ से मिली है।

कबीर : देह और साँस साईं ने दी है, बाक़ी जो कुछ है, सब माई का ही दिया है। मैं तो कहता हूँ कि कबीर क्या है, ऊपर साईं नीचे माई।

लोई : और ये भी माँ से मिला है कि हँसकर अपमान सह लो। मुझे शर्मिन्दगी से जो बचाया, उसका क्या कबीरा?

कबीर : नहीं री, माँ से कैसा मान–अपमान? रात जो कुछ हुआ, वह हम दोनों ने तय किया था। तू इसे अकेले अपना फ़ैसला कैसे कह सकती है? अगर कल रात जो हुआ वह ग़लती है तो पहला फ़ैसला तो मेरा था। तू काहे को पछता रही है?

लोई : *(आँखें नम हैं)* कबीरा जितना तुझे जानती जा रही हूँ उतना मेरा यक़ीन बढ़ता जा रहा है कि मेरे लिये तुझसे बेहतर कोई हो ही नहीं सकता। तू किताब के अ्क्षर भले नहीं पढ़ सकता है, पर एक औरत का पूरा मन पढ़ लेता है। तू भक्त नहीं भगवान् है रे कबीरा। *(लोई कसकर कबीर से लिपट जाती है। लोई के बालों में कबीर उँगलियाँ फिराता है। अगले ही पल कबीर कमरे में रखे बक़्से से कुछ निकालता है)।*

लोई : *(आश्चर्य से)* ये क्या है, कबीरा?

कबीर : *(लोई के हाथ में थमाते हुए)* चुनरी है, लोई।

बहुत सोच–विचार किया कि तुझे क्या भेंट दूँगा जब तू मेरे घर आयेगी। लोग अपनी पत्नी को सोना–चाँदी भेंट करते हैं। मेरी न तो कभी दिलचस्पी रही न मेरे पास ख़रीदने की कुव्वत। सोचा, चादर बुनने वाला जुलाहा क्या कर सकता है अपनी लोई के लिये? तब ये पहली चुनरी बुनी। इसके एक–एक धागे में मेरा पसीना और प्यार मिला हुआ है।

लोई : *(आँखें चढ़ाते हुए)* तो ये तुमने आते ही क्यों नहीं दी मुझे?

कबीर : अच्छा ही तो था। तब उपहार दे देता तो तेरा मन एक और उलझन में फँस जाता।

लोई : अच्छा अगर मैं चली जाती तब इस चुनरी का क्या करते तुम?

कबीर : तू चली जाती तो अपने राम जी के चरणों में चढ़ा देता।

लोई : कुल मिलाकर तो तू मुझे इस घर से निकालने पर तुला था।

कबीर : ना री, ये घर तब भी तेरा था। अब तो है ही। बोला न, मैं तेरा सखा पहले हूँ न, तो सखा वाली ज़िम्मेदारी निभा रहा था। प्रेम क्या किसी रिश्ते या किसी देह में बँधा होता है? तू मुझसे कभी अलग हो ही नहीं सकती।

लोई : *(भरभराई आवाज़ में)* होऊँगी भी नहीं। मर के ही जाऊँगी तेरे पास से अब। *(कबीर से कसकर लिपट जाती है।)*

(कबीर लोई के हाथ से लेकर चुनरी उसे ओढ़ा देता है।)

लोई : *(चुनरी का कोना पकड़े हुए)* बहुत प्यारी है

और सबसे क़ीमती भी। इसे जन्मभर सहेज कर रखूँगी। *(लोई चुनरी को सूँघती है):* इसमें तुम्हारी महक भी घुली हुई है न? *(लोई की आँख भर आती है। कबीर सीने से लगा लेता है।)*

कबीर : *(आश्चर्य और नाराज़गी के मिले–जुले भाव सहित)* क्यों, ऐसा क्यों सोच लिया तूने?

लोई : ये जो आज पहली चुनरी ओढ़ाई है तूने न, जब दुनिया से जाऊँगी, तब इसे ही ओढ़ा देना। *(लोई फफक पड़ती है)।*
(कबीर उसकी पीठ सहलाते हुए चुप कराता है। रोशनी मद्धिम होती है।)

(पहले दोहा गाया जाता है फिर भजन)

–(दोहा)

कबीरा प्रेम न चक्खिया, चक्खि न लिया साव।
सूने घर का पाहुना, ज्यूँ आया त्यूँ जाव

–(भजन)

नाचूँ रे मेरे मन मत्त होय
प्रेम का राग बजाय, रैन–दिन शब्द सुने न कोय
राहु–केतु नवग्रह नाचौ जन्म–जन्म आनन्द होई
गिरी–समन्दर धरती नाचौ, लोक नाचौ हँस–रोई
छापा तिलक लगाइ बाँस चढ़, हो रहा जग से न्यारा
सहस कला कर मन मेरो नाचौ, रीझै सिरजनहारा

दृश्य : छह

(कबीर के घर का सेट। कबीर प्रसन्न मन से करघा चला रहे हैं। बुनी हुई कई चादरें और सूत के बण्डल करघे के साथ रखे हैं। मद्धिम स्वर में भजन भी बज रहा है।)

–(भजन)

एकै काल सकल संसारा
एक नाम है जगत पियारा
त्रिया पुरुष कुछ कथो न जाई,
सरब रूप जग रहा समाई।

(एक बार फिर बूढ़ी औरत का मंच पर प्रवेश)

बूढ़ी औरत : कबीरा, जब से तेरा ब्याह हुआ, करघे पर तुझे बाँध लिया है। चल, कुछ तो सुधरा तू। तेरी माई से मैं यही कहती थी कि बहुरिया आने दे..., तब देखना। *(व्यंग्यात्मक मुस्कुराहट के साथ)*

कबीर : हाँ, बड़की माई। मेरे गुरु भाई भक्त रैदास कहते हैं–मन चंगा तो कठौती में गंगा... वो जूता गाँठने वाली कठौती में मन को गंगा स्नान करा लेते हैं, उसी तरह मैं भी करघे में साईं से मिल लेता हूँ। अब परिवार बढ़ गया

है। कमाना तो पड़ेगा ही।

बूढ़ी औरत : *(मुस्कुराती है)* कबीरा, तू चादरें बुना कर। तेरी बुनी चादर की पूरी हाट में धूम रहती है। तेरे हाथ में जादू है रे। चादर का एक–एक धागा बोलता है। ताना–बाना से क्या खेल करता है?

कबीर : *(आँखे बनाते हुए)* बड़की माई, मैं धागे में टोना–टोटका करता हूँ। तेरे बेटे के करघे में कर दूँ? जा, टोटके का सामान ले आ। एक छँटाक काले कबूतर का ख़ून, काला कपड़ा और पव्वा भर पीली सरसों...।

बूढ़ी औरत : हट पगला, मुझे बनाता है? तू तो टोना–टोटका, भूत–प्रेत, चमत्कार सब ढकोसलों के ख़िलाफ़ बोलता–बताता है।

कबीर : *(हँसता है)* सच है बड़की माई। ये सब ढकोसला ही है। जो अपने से डरते हैं, उन्हें दुनिया में हर चीज़ डराती है। फिर ये करोगे तो भगवान् खुश होगा ये करोगे तो नाराज़ होगा, इस नाम पर लोग डराते हैं। ईश्वर कहो कि अल्लाह बोलो, वो तो बस प्रेम पहचानता है, प्रेम बाँटता है। ये प्रेम वही है जो तू मुझसे करती है और मैं तुझसे करता हूँ।

बूढ़ी औरत : तू कितनी मीठी बातें करता है रे? अच्छा बता न कबीरा, तेरे हाथ में क्या है? तू तो बापू के साथ ही तो मोटी चादर बुनता था, ये बता कि तूने इतना बारीक़ और बेहतरीन चादर बुनना कहाँ से सीख लिया?

कबीर : मैं जब तक करघे पर रहता हूँ, धागों से बातें करता रहता हूँ। वे बेचारे मुझ ग़रीब की सुन

लेते हैं।

बूढ़ी औरत : दुष्ट कहीं का! चिढ़ाता है मुझे?

(लोई का प्रवेश, इस वक़्त उसके चेहरे पर जल्दबाज़ी और बेचैनी दिख रही है। बूढ़ी औरत के पैर छूती है। बूढ़ी औरत के चेहरे पर भाव उभरते हैं जैसे उसने लोई का अनमनापन पढ़ लिया है।)

बूढ़ी औरत : *(लोई से मज़ाक़ करते हुए)* ब्याह के दो बरस हो गये। सोहर गाने के लिये कब तक बुला रही हो? *(महिला पेट से बच्चा जन्म लेने की मुद्रा बनाती है)*

(लोई सर झुकाए चुप रहती है, जैसे बात में इच्छुक न हो। बूढ़ी औरत जाते–जाते लोई से कबीर की शिकायत करती हुई जाती है।)

बूढ़ी औरत : तू कैसे झेलती है इसे? इससे जो पूछो, वह बताने की जगह पूरी दुनिया की गाथा बता देगा। आज इसने फिर मेरा सवाल टाल दिया।

कबीर : पक्का बड़की माई, तेरे बेटे के करघे में टोटका कर दूँगा।

(कबीर हाथ जोड़कर बूढ़ी औरत को विदा करता है।)

कबीर : *(लोई के चेहरे पर तनाव देखकर)* क्या हुआ? परेशान दिख रही है तू। किसी ने कुछ कहा क्या?

लोई : *(कबीर के सामने पहुँचकर)* कोई क्या कहेगा? मेरे लिये तो तुम्हारा कहा–सुना मतलब रखता है, बाक़ी से क्या मतलब?

कबीर : अरे आज तो तू भी घुमा के बतियाने लगी। बोल तो क्या हुआ?

लोई : अच्छा, चलो साफ़–साफ़ बताओ। बताओ कि मैं कौन हूँ?

कबीर : *(धीरे–से मुस्कुराता है)* तू तू है।

लोई : कौन हूँ बताओ?

कबीर : तू कबीर है।

लोई : तो तुम कौन हो?

कबीर : मैं लोई हूँ।

लोई : ये क्या उलटी बात हुई।

कबीर : यही तो सीधी बात है। प्रेम वह रसायन है, जो हमें एक–दूसरे में घोल देता है। मैं तू और तू मैं हो जाते हैं।

लोई : ये बड़ी बड़ी बातों में उलझाओ मत मुझे। *(अपनी ओर उँगली करती हुई बोलती है)*–ये बताओ कि ये जो लोई है वो कौन है?

कबीर : जिससे कबीर पूरा होता है।

लोई : *(नाराज़गी भरे लहजे में)* कैसे, जरा समझाना।

कबीर : देख न। गंगा में डूब रहा कबीर और आज का कबीर, कितना कुछ बदल गया है उसमें। कभी हम बारिश के पानी की तरह यहाँ–वहाँ भटकते हैं। फिर समय की नदी हमें अपने में समाती है। हम समुद्र में जाकर मिलते हैं और पूरे हो जाते हैं।

लोई : हुँह। इतनी बड़ी–बड़ी बात करते हो, लेकिन मुझे लगता है कि आज तक तुम मुझे समझ ही नहीं पाये हो।

कबीर : ऐसा कैसे सोच सकती है तू? मेरे लिये तो तू नदी है लोई, जिसने मुझे प्रभु रूपी समुद्र

तक पहुँचने की सही दिशा दिखाई। मेरे साथ खड़ी रही मेरे बराबर। मैं जहाँ ग़लत था, मेरे सामने खड़ी हुई। जहाँ सही था वहाँ पीछे खड़ी रही, तू सबकुछ है लोई।

लोई : ये सब ठीक है, लेकिन बताओ कि मैं औरत हूँ कि नहीं?

कबीर : वो तू है ही।

लोई : तो साँपिन कौन है, कुलबोरनी कौन है और लबार कौन है?

कबीर : *(हँसते हुए)* ये सब तुम्हें कहाँ से और कैसे याद आ रहा है?

लोई : सब तुम्हारे ही कवित्त हैं, जो आज मुझे सुनाकर मेरी सहेलियाँ शिकायत कर रहीं थीं।

कबीर : *(हँसते हुए)* – क्या कह रहीं थी तेरी सखियाँ?

लोई : सखियाँ कह नहीं रही थीं। वे तो लड़ रही थीं। हर बात का जवाब होता है मेरे पास, आज चुप रहकर लौट आयी। औरत की तरह सोचा तो तुम्हारे कवित्त मुझे ख़ुद बहुत ख़राब लगे। ऐसे कैसे बोल सकते हो आप? आप जब ये कहोगे तो लोग औरतों की कैसे इज़्ज़त करेंगे?

कबीर : *(ज़ोर से हँसता है।)*

लोई : हँस के डराओ मत मुझे। इसका मतलब जो औरतों के लिये कहा, उसकी कोई लोक–लाज भी नहीं।

कबीर : मेरी प्यारी लोई। मेरा साईं मुझे पशु, पक्षियों और पेड़ पौधों से प्रेम करना सिखाता है। मैं

किसी का अपमान या किसी के लिये नफ़रत का भाव कैसे रखूँगा? मैं सारी औरतों के लिये ऐसा क्यों कहूँगा, सोच तो।

लोई : मैंने कही ये बात कि कबीर तो मुझसे कहते हैं कि साँप–बिच्छू सब अच्छे हैं। गड़बड़ है तो सिर्फ़ आदमी। इसीलिए उसे सत्संग की ज़रूरत पड़ती है, लेकिन वही कबीर जब ऐसी बात करेगा तो लोग तो कहेंगे ही कि कबीर दास औरतों को छोटा समझता है। किसी और को क्या कहूँ, मुझे ख़ुद बहुत बुरा लगा।

कबीर : तू कब से लोगों की परवाह करने लगी? ये लोग न, रोग हैं, जो किसी को कुछ भी सोचने तो मजबूर कर सकते हैं। तू किसी के कहने पर मत जाया कर, लोई।

लोई : लेकिन कबीरा, मेरे पास तुम्हारे उन कवित्तों का क्या जवाब है, जो तुम सीधे औरतों के लिये बोल देते हो। कोई भी सुनेगा तो वही कहेगा, जो मेरी सखियाँ कह रहीं थीं। अब परसों का ही लो। औरतें गंगा नहाने जा रही थीं तो घाट के किनारे उनको देख के तुमने क्या कवित्त रचा था?

कबीर : तुम्हीं बताओ क्या कवित्त, तब मैं तुम्हें समझाता हूँ। मैं दो आँख से किसी को नहीं देखता कि अपने लिये कुछ औरों के लिये कुछ। स्त्री–पुरुष से पहले मेरे लिये वह जीव है, जो जीव मैं पूरी प्रकृति में पाता हूँ।

लोई : सुनो, वह कवित्त।

(मंच के पीछे से वाचन या गायन स्वर आता

है)–

–(गीत)

चली है कुलबोरनी गंगा नहाय
सतुआ कराइन, बहुरी भुजाइन
घूँघट ओट भसकंते जाये
गठरी बान्धिन मोटिन बान्धिन
खसम के मूड़ै दिहै धराय
बिछुआ पहिरिन औंठा पहिरिन
लात खसम के मारिन धाय
गंगा नहाईन, जमुना नहाईन
नौ मल मैल लेहिन चढ़ाय
पाँच–पच्चीस के धक्का खाइन
घर की पूँजी आयी गँवाय
कहत कबीर हेत कर गुरु सो
नहीं तोर मुकुती जाई नसाय।

(कबीर हँसता है।)

लोई : तुम्हें हँसी सूझ रही है? मेरा हाल सोचो क्या हुआ होगा जब मेरी सखियों ने मुझे ये सुनाया? कबीर ऐसी बात कैसे कह सकते हैं, तब ये सोचा था। औरत कुलबोरनी कैसै हो गयी?

कबीर : पगली, ये तो मैं घाट किनारे बैठा था। कुछ औरतें बिल्कुल ऐसी ही थीं यहीं कर रही थीं तो मैंने कहा। जानती है, मन में कालिख़ लेकर गंगा में धोने वालों को तो कहूँगा ही। गंगा बाहर की गन्दगी से ज़्यादा इस तरह के लोगों के स्नान से मैली होती है।

लोई : मतलब, कुलबोरनी हो गयी औरत फिर तुम्हारे लिये?

कबीर : देख लोई, मैं औरत–मरद में भेद नहीं करता। औरत अगर ग़लत करेगी तो उसको बोलूँगा, मरद करेगा तो उसे। पण्डित करेगा तो उसे, मौलवी करेगा तो उसे। मेरे कहे को उस समय का देखा हुआ सच मान। कुछ के लिये मतलब सब औरतों के लिये नहीं। लोग मेरे कहे को औरत, मरद, हिन्दू, मुसलमान में देखें तो उनकी बात है। मैं किसी को रोकने भी तो नहीं जाता। बस तू ग़लत न समझे, मेरे लिये यही ज़रूरी है। मेरे लिये तो एक ही ईश्वर सब में हैं। ये लोगों की आँखें हैं, जो उन्हें अलग–अलग करके देखती हैं।

(कबीर दोहा वाचन करता है)–

–(दोहा)

एकै काल सकल संसारा, एक नाम है जगत पियारा।
त्रिया–पुरुष कुछ कथो न जाई, सर्व रूप जग रहा समाई।।

लोई : ज्ञानी लोग अपने हर किये का तर्क बना लेते हैं। वही आप भी कर रहे हो। एक औरत को भी कहना क्या बाक़ी औरतों को नीचा दिखाना नहीं हैं?

कबीर : सब औरतों के लिये मैं ऐसा कैसे कह सकता हूँ, लोई? क्या मेरी माई औरत नहीं थी, जिसने मुझ पाप की सन्तान को कोख जाये से ज़्यादा प्यार दिया। क्या तू औरत नहीं है, जो मुझ जैसे बावरे को सहती–सहेजती–सँभालती आ रही है। तूने तो मुझको तार दिया, तुझे मैं

कुलबोरनी कहूँगा। तू ये कैसे भूल गयी कि कमाली का पिता हूँ मैं।

लोई : तो किसी भी दूसरी औरत को क्यों इस तरह बोलना?

कबीर : यही तो आफत है। मौलवी मुझसे इसलिए नाराज़ हैं कि मैं मौलवियों को कोसता हूँ। जोगी हमला करते हैं कि मैं जोगियों के ख़िलाफ़ हूँ। अब तू कह रही है कि मैं औरतों के ख़िलाफ़ हूँ। मैं तो जो ग़लत है, उसके ख़िलाफ़ बोलता हूँ। लोगों को वो बात ख़ुद पे लग जाती है। सारे पण्डित, जोगी, मौलवी मेरी बातों को अपने से जोड़ लेते हैं। जो भला है, मुझे उससे क्या गिला है?

लोई : लेकिन वो औरत को साँपिन वाली बात कह रही थी कि जो पुरुष औरत के साथ रहता है वो समझो, साँपिन के साथ रहता है। यह तो तुमने मुझे ही देखकर लिखा होगा। मैं क्या कभी तुझे साँपिन लगती हूँ?

कबीर : हा–हा, अच्छा...साँपिन वाली बात।

मंच के पीछे से गायन

–(दोहा)

नारी की झाईं परत अन्धा होत भुजंग।
कबिरा तिनकी कौन गति जो नित नारी के संग।।

लोई : बोलो तो माँ तुम्हारे नरक का द्वार हो गयी।

कबीर : *(जोर से हँसते हैं)* जो नारी को विषय की वस्तु समझते हैं, उनके लिये ऐसा क्यों न कहा जाये? रहा मेरा सवाल, तो मैं तो साँपिन

से भी उतना ही प्रेम करता हूँ जितना मनुष्य से। मेरा साईं किसी को किसी से छोटा देखना नहीं सिखाता है। मैं तो सबसे कहता हूँ कि ख़ुद में झाँको।

लोई : तो क्या मेरी सखियाँ तुम्हारे कवित्त पर सवाल उठाकर ग़लत करती हैं? तुम पुरुषों को स्त्री की बात सुनने की भी आदत नहीं है।

कबीर : अपनी सखियों को बोल कि मेरे कहे पर सवाल करें, अवश्य करें, लेकिन कभी यह भी सोचें कि उनको उनके घर–परिवार, समाज ने क्या दिया है? वे बेचारी हैं, पुरुष के लिये प्राप्ति का माध्यम। तू भी पहेली बूझ कि मैं माया के बारे में कह रहा हूँ कि नारी के बारे में और माया का गिलान औरत से बेहतर किसके साथ हो सकता है। तू सुन–

–(गीत)

बूझहू पण्डित, करहूँ बिचारी, पुरुष अहै की नारी...
बाम्हन के घर बाम्हनि होती, योगी के घर चेली,
कलमा पढ़ि–पढ़ि भई तुरूकिनी, कलि में रही अकेली।
बर नहिं बरै ब्याह नहिं करई, पुत्र–जन्म–होनिहारी,
कारै–मूण्डै एक नहिं छाँडै, अब ही आदि कुँवारी।
रहै न मैके जाई न ससुरै, साईं के संग सोवै,
कहे कबीर वह जुग–जुग जीवै जाति–पाँति कुल खोवै।

(भजन ख़त्म होते ही कबीर बोलता है।)

कबीर : जानती है लोई! माया पुरुष को अपने वश में करती है, नारी को पुरुष अपने अधीन। बाकी दोनों की गति एक है। अपनी सखियों को बोल कि ख़ुद को पहचानें। उनका स्व उन्हें स्त्री–पुरुष के बोध से कहीं बड़ा करेगा। पहले हम ख़ुद को छोटा मानते हैं, तब कोई हमें छोटा कर पाता है। औरत–मरद से आगे इंसान होकर जीना सीखना चाहिए। इंसान होने का अहंकार आये तो ख़ुद को जीव मात्र मानना चाहिए।

लोई : यह बात आपकी मैं मानती हूँ कि स्त्री और पुरुष में भेद करके नहीं देखना चाहिए। लेकिन क्या वास्तव में यह सम्भव है?

कबीर : जो असम्भव दिखता है, उसी कोशिश में तो मस्ती है। जो आसान है, उसे तो हर कोई कर लेगा। मुझे और तुम्हें उसी बराबरी को जीना पड़ेगा और दूसरों को बताना पड़ेगा। बोल, मेरा साथ देगी न..?

(लोई स्वीकार में सिर हिलाती है। कबीर लोई को सीने से लगा लेता है और बाल सहलाने लगता है। लोई आँख बन्द करके मुस्कुराने लगती है।)

कबीर : चल लोई, चल भजन गाते हैं।

(मंच के पीछे से स्त्री–पुरुष के स्वरों में भजन बजता है।)

–(भजन)

अँखियाँ में लालन छाई
हो साईं मोरे
अँखियाँ में लालन छाई
झाड़ बिन्द और जीव चराचर
झूम रहा मेरा साईं
जहँ देखूँ वहँ रीता नाहीं
सब घट घाटि समाई
ओ साईं मोरे
अँखियाँ में लालन छाई
(भजन ख़त्म होते ही दृश्य बदलता है।)

दृश्य : सात

(पच्चीस साल आगे का समय। प्रवचन का साधारण मंच बना हुआ है। कुछ हाथ से लिखी किताबें आसन के बगल रखी हुई हैं। युवा कमाल और किशोर कमाली आते हुए लोगों को बैठने को कह रहे हैं। शिष्य एक–एक कर आकर बैठते जाते हैं। भजन की धुन बज रही है। संगीत के बीच आधे सफ़ेद बालों वाली लोई का मंच पर प्रवेश होता है। आगन्तुक शिष्यों का मुस्कुरा. कर अभिवादन करती है। आसन पर जाकर बैठ जाती है। संगीत की धुन तेज़ होती है, भजन शुरू होता है। लोई गाती है और साथ–साथ शिष्य झूमकर साथ–साथ गाते हैं।)

–(भजन)

मन तू नाहक द्वंद्व मचाये...

करि असनान छुवो नहिं काहू, पाती–फूल चढ़ाये,

मूरति से दुनिया फल माँगे, अपने हाथ बनाये।

यह जग पूजै देव–देहरा, तीरथ–व्रत अन्हाये,
चलत–फिरत में पाँव थकित भे, यह दुख कहाँ समाये।
झूठी काया झूठी माया, झूठे–झूठे झूठल खाये,
बाँझिन गाय दूध नहीं देवे,
माखन कहाँ से खाये।
साँचे के संग साँच बसत है, झूठे मारि हटाये,
कहैं कबीर जहाँ साँच बसतु हैं,
सहजै दरसन पाये।

लोई : *(भजन का अर्थ बताते हुए)* कबीर कहते हैं, रे मन! तू बिना वजह द्वन्द्व में उलझा हुआ है। आकाश को कोई फूल–पत्ती चढ़ाकर तो नहीं छू सकता है। ये दुनिया अपने हाथ से मूरत बनाती है फिर उसी मूरत से अपने लिये वरदान की उम्मीद करती है। चौखट–चौखट देवी–देवता पूजती है। तीरथ यात्रा पर जाती है, व्रत और स्नान ध्यान करती है। पाँव इसी भागा–दौड़ी में थक जाते हैं। मन का न हो तो जो दुख उपजता है, वह किसी तरह समाप्त नहीं होता है। दरअसल माया, काया सब व्यर्थ है। सब झूठ है। तू जूठन खाता फिरता है। बाँझ गाय जब दूध ही नहीं देगी तो मक्खन कहाँ से मिलेगा? सच्चे के साथ सच्चा बसता है। झूठे को मारकर भगा दो। कबीर कहते हैं कि जहाँ सत्य का बसेरा होगा वहाँ का परिवेश ही चमकीला होगा।
(प्रवचन ख़त्म होते ही लोई शिष्यों को जाने का संकेत देती है। शिष्य एक–एक कर चले

जाते हैं। मंच पर कमाल, कमाली और लोई बचते हैं।)

कमाल : अम्मा, तुम्हारे सत्संग का तेज़ अलग ही है। तू और बाबा एक डाल के दो फूल लगते हो। दोनों दो, पर ख़ुशबू एक। कई बार तो तू बाबा के कवित्त को ऐसे बताती है कि उसका नया ही अर्थ खुलता है। आज तूने जीवन के द्वन्द्व को कितना सरल करके समझाया? मेरे जैसों तक की समझ में आ गया।

लोई : नहीं रे, जो समझ है, सब तेरे बाबा का ही बताया–सिखाया है। मैं तो जब तेरे बाबा से ब्याह के आयी थी, तुझसे भी छोटी थी। पहले–पहले तेरा बाबा मुझे जादू–टोना जानने वाला साधू लगा था, लेकिन उसने मुझे मेरे मैं से मिलाया। तेरा बाबा अलग ही है, जिसका कहा जितनी बार लिखा, उतनी बार पहले से ज़्यादा खुलकर समझ आया है। तेरा बाबा क्या है, यह मुझसे बेहतर कौन समझेगा?

कमाल : *(नाराज़ होते हुए)* तो ये भी बता दो कि बाबा गये कहाँ? आज आठ रोज़ हो गया, घर नहीं लौटे। बीस साल पहले मेरी दादी उन्हें ढूँढ़कर लाती थी। फिर तुम आयी तो तुम्हें ये काम करना पड़ा। अब मुझे सोचना पड़ता है कि बाबा कहाँ गये होंगे? कल को मेरे बच्चे अपने दादा को ढूँढ़ेंगे। बाबा इतने गैर–ज़िम्मेदार क्यों हैं? तू तो उनकी भक्तिन हो गयी है। रोका–टोका क्यों नहीं, इसीलिए

वे बिगड़ गये हैं। जब से दादी गयी है, और भी छुट्टा हो गये हैं।

लोई : गुस्सा मत कर, जल्द आ जायेंगे। तुझे तो पता है, किसी टोली में भजन गाते–गाते किसी और गाँव निकल गये होंगे। दो–चार दिन में आ जायेंगे। तेरा बाबा सबका है, वो हमारा है, इसको भी वह कभी नहीं भूला। लेकिन हवा को कोई क़ैद कर सका है? तेरा बाबा हमारी तरह कितनों की साँसों में बसता है।

कमाल : नहीं, तुम इस तरह बोलती रहोगी तो बाबा तो कभी सुधरने वाले नहीं हैं। बाबा को पूरी दुनिया की फ़िक्र है, सिवाय हमारे। घर तो इनको काट खाने दौड़ता है। अगर घर नहीं बसाना था तो शादी क्यों की?

लोई : ऐसा नहीं है रे, कोई ऐसा–वैसा साधू नहीं है, लेकिन वह साधू–महात्मा बनने से पहले इंसान होने में यक़ीन रखता है। हमसे ज़्यादा किसी को उसकी मदद की ज़रूरत होगी, अटक गया होगा। अच्छा, नाराज़ मत हो। बाबा को आने दे इस बार बात करूँगी... पक्का। सबकी सुनते हैं तो क्या हम सब में भी नहीं हैं? उनसे यही कहूँगी... पक्का।

कमाल : तू मुझे बचपन से बहकाती आयी है। बाबा को देखकर तू सब भूल जाती है। इस बार मैं ख़ुद बात करूँगा बाबा से। मुझे अपना बाबा पूरा चाहिए। बाबा हमें चेलों की गिनती में नहीं डाल सकते। और अम्मा, तुम भी दादी की तरह बाबा का बचाव करने लगती हो।

सब सही कहते हैं कि बुढ़ापे में पति–पत्नी एक–दूसरे के भाई–बहन बन जाते हैं।

(लोई मुस्कुराती है और कमाली हँस पड़ती है।)

लोई : देख, इन पच्चीस सालों में तेरा बाबा बूढ़ा ही नहीं, बड़ा भी हुआ है। अब तो कितना ज़्यादा घर पर रहने लगे हैं। पहले तो कभी दस रोज़, कभी महीने–महीने टोले–टोले भटकते रहते थे। रोक–रोक कर ग़लत को ग़लत कहता था, रोज़ झगड़ा होता था। अब तेरा बाबा कहता है कि व्यक्ति नहीं, आदत और सोच से लड़ो। तुझे पता है, तेरे बाबा ने अपनी ओर से एक बार भी किसी से कोई झगड़ा नहीं किया है।

कमाली : तो क्या लोग आकर बाबा से लड़ते हैं?

लोई : हाँ, लोगों में सब्र कहाँ है कि दूसरों की बात सुनें? बहुतों ने बिना जाने मान लिया है कि बाबा उनके ख़िलाफ़ हैं जबकि तेरा बाबा किसी के ख़िलाफ़ नहीं है, वे तो सच के साथ खड़े रहते हैं।

कमाली : पहले क्या बाबा गुस्से वाले थे...?

लोई : नहीं री, गुस्से वाले बिल्कुल नहीं। हाँ, अपनी बात कहने में हिचकते नहीं थे। इसी चक्कर में बड़े–बड़ों से उलझ जाते थे।

कमाली : अच्छा?

लोई : हाँ, तुम्हारा बाबा आज भी वही कहता है जो तब कहता था, लेकिन अब संगत और सत्संग में समझाता है, अब तो वह किसी से उलझता भी नहीं। लेकिन रंजिश मानने वालों

की कमी नहीं है अब भी। रात–बिरात कोई चोट न पहुँचाये, जब वो बाहर कहीं जाते हैं तो चिन्ता लगी रहती है।

कमाल : अम्मा, तुम बाबा से कम बड़ी साधू नहीं हो, वो दीन समझता है तो तुम दुनिया। बाबा को तो तुम उससे भी ज़्यादा समझती हो। सच, तुम हो कमाल की माई।

(कमाल बैठे–बैठे माँ के पैरों से लिपटता है।)

लोई : चल, ज़्यादा बातें मत बनाया कर। ज़्यादा चिन्ता की ज़रूरत नहीं है।

तेरे बाबा गाते हैं न–*(वाचन या गायन)*:

(लोई और साथ–साथ कमाल–कमाली गाते हैं)

–(भजन)

साँच ही कहत और साँच ही गहत है,
काँच कू त्यागकर साँच लागा।
कहैं कबीर यूँ भक्त निर्भय हुआ,
जन्म और मरन का भरम भागा।

(भजन ख़त्म होते ही कबीर के शिष्य कबीर को लादकर ले आते हैं। कबीर घायल हैं, जगह–जगह चोट के निशान हैं, कबीर के चेहरे पर दर्द की टीस है, लेकिन वह लोई को देखकर हल्के–से मुस्कुरा भी देता है। लोई व्याकुल–सी घर भर में इन्तज़ाम के लिये दौड़ती है।)

कमाल : क्या हुआ बाबा को?

एक शिष्य : बगल के गाँव में सत्संग चल रहा था। वहाँ जोगियों की टोली ने हमला कर दिया। किसी तरह बचाकर सद्‌गुरु को लाये हैं–

(कबीर को बिस्तर पर लिटाया जाता है। लोग पंखा झलने लगते हैं। कुछ लोग अगल–बगल खड़े हो जाते हैं। आस–पास के दो तीन लोग और आ जाते हैं, 'क्या हुआ–क्या हुआ' की आवाज़ें। भजन परिदृश्य में बजना शुरू है। दो पँक्तियाँ गायी जाती हैं।)

–(भजन)

मन न रँगाए, रँगाए जोगी कपरा,
आसन मारि मन्दिर में बैठे,
नाम छाड़ि पूजन लागै पथरा।
मन न रँगाए...

दूसरा शिष्य : सद्‌गुरु पर हमला करने वाले जोगियों ने लौटकर आने की धमकी दी है। भाला–बरछी–त्रिशूल लेकर यहाँ भी आ सकते हैं। हमें सद्‌गुरु की रक्षा करनी होगी।

तीसरा शिष्य : हमें सभी शिष्यों को खबर करनी होगी।

(शिष्यों का समवेत स्वर) : हाँ–हाँ। चलो, बाक़ी शिष्यों को खबर देते हैं। समय कम है।)

(कुछ शिष्य मंच से जाते हैं। कबीर आहिस्ता–से उठकर बैठ जाते हैं। सिर से पगड़ी ग़ायब है, बाल बिखरे हुए हैं।)

कबीर : कोई किसी को नहीं बुलाएगा। मेरी देह इतनी ज़रूरी नहीं है कि इसके लिये बेकसूरों की जान ख़तरे में डाली जाये। मैं अपने साईं की मरज़ी से उसी का दिया बोलता हूँ।

(शिष्य चुप हो जाते हैं, लेकिन कबीर के घाव पर दवा लगा रही लोई के चेहरे पर तनाव

आ रहा है।)

कमाल : आने दो जोगियों को, कौन डरता है? ये कहाँ के भक्त हुए जो निहत्थों पर लाठी, भाला, त्रिशूल चलाते हैं। इनका कौन–सा भगवान् इन्हें लोगों को चोट पहुँचाने की इजाज़त देता है?

कबीर : क्रोध मत कर, बच्चा। वे सब भटके हुए लोग हैं। उनको खरी–खरी बातें सुनने की आदत नहीं है। मुझे चिकनी–चुपड़ी बोलनी नहीं आती। कोई बात नहीं। वे नहीं सुधर रहे हैं तो मैं ही कौन–सा बदल गया? हमें बस अपना काम करना चाहिए। गाओ रे...

–(भजन)

मन न रंगाए, रंगाए जोगी कपरा,
आसन मारि मन्दिर में बैठे,
नाम छाड़ि पूजन लागै पथरा।
कनवा फाड़ के जटवा बढ़ौलें,
ढाढ़ी बढाये जोगी हो गइलैं बकरा।
जंगल जाये जोगी धूनिया रमौले,
काम जराय जोगी हो गइलैं हिजरा।
मथवा मुड़ाय जोगी कपड़ा रंगौले,
गीता बाँचि के हो गइलैं लबरा।
मन न रंगाए।

(भजन ख़त्म होते ही जोगियों का झुण्ड कबीर के घर में दाख़िल होता है। आवाज़ों के शोर से लगता है सैकड़ों जोगी बाहर भी खड़े हैं। कबीर के शिष्यों की भी संख्या लगातार बढ़ती जा रही है।)

मोटा जोगी : *(मुस्टण्डा–सा डरावनी शक़्ल वाला)* इस नीच को कई बार समझा चुका कि जोगियों को अपमानित करने वाले भजन न गाये। यह सुधरता ही नहीं। कई म्लेच्छ भी इसकी 'हाँ' में 'हाँ' मिलाते हैं। इसका वध ही करना होगा। ऐसे तो यह मानने से रहा।

(कबीर के चेले भी बाँहें चढ़ाने लगते हैं।)

एक शिष्य : जोगी महाराज, तुम क्या समझते हो सद्‌गुरु को मारकर चले जाओगे, हम यहाँ देखते रहेंगे? तुमको हमारी लाशों पर से होकर जाना होगा।

(जोगी त्रिशूल भाँजने–नचाने लगते हैं। लोई जोगियों के आगे आकर खड़ी हो जाती है।)

लोई : क्या हुआ है जोगी महाराज? कबीर से कोई भूल–चूक हुई हो तो मैं आपसे दण्डवत् माफ़ी माँगती हूँ।

(लोई फर्श पर दण्डवत मुद्रा में लेट जाती है।)

कबीर का शिष्य : माई, आप इनसे क्यों माफ़ी माँग रही हैं? ग़लत ये लोग हैं न कि सद्‌गुरु। इन्होंने उनको चोट पहुँचाई है, माफ़ी इन्हें माँगनी चाहिए।

मोटा जोगी : *(त्रिशूल दिखाकर धमकाते हुए)* : क्या कहा...? माफ़ी और जोगी माँगेंगे... नामुमकिन। तुम सब नीचों, नास्तिकों का ख़ून आज नाली में बहाऊँगा। नाली के कीड़े।

लोई : *(मुद्रा बदलती है, नाराज़गी भरे स्वर में)* आप

इस तरह कैसे बात कर सकते हैं? आपको क्या तकलीफ़ है? आप हमें नीच कहो, म्लेच्छ बताओ, पापी कहो तो सब सही। हम अपनी बात भी न कहें? धर्म तो सबका है। कबीर तो अपना तर्क़ उठाते हैं अपनी बानी में। तर्क करना है तो सवाल–जवाब कर लीजिये।

मोटा जोगी : दुष्ट...अब समझने–समझाने का वक़्त गया। हम तुम जैसों से धर्म पर बहस करेंगे। तुम लोग हो क्या? आज तुम सब की बलि दी जायेगी। जो धरम नहीं मानता, उसे जीने का अधिकार नहीं है। ...और धर्म क्या है, यह हम बतायेंगे।

लोई : शरम नहीं आती तुझे? मैं तुझको महाराज कह रही हूँ। तू मुझे दुष्ट बुला रहा है।

मोटा जोगी : अरे...रे...रे...चल हट जा सामने से। हम जोगी औरतों के मुँह नहीं लगते। तुझे पता है कि तुझे नहीं मारेंगे, इसलिए अकड़ी जा रही है। अभी हम सब भूल जायेंगे कि तू कौन है?

लोई : कौन का मतलब...औरतों से तुझे इतनी नफ़रत क्यों? तेरी माँ क्या थी जोगी? औरत ही थी न।

दूसरा जोगी : *(क्रोध में)* जोगियों के क्रोध से बच म्लेच्छ, वर्ना मारी जायेगी।

लोई : किसको डराता है? एक औरत से ख़ुद डर गया है तू। तुम सब के सब कायर हो।

मोटा जोगी : तू माया है, काम है, लोभ है, पाप है। हम तुझसे बात नहीं करते। सामने से हट जा।

लोई : मेरे सामने तू है, तेरे सामने मैं नहीं। मैं माया

हूँ तो मोहग्रस्त होने का भय किसे है? मैं काम हूँ तो जोगियों की फौज क्या पानी में उगी है? वासना औरत के देह में नहीं पुरुष के दिमाग़ में रहती है। तुम लोग औरत को गाली देकर अपनी माँ को अपमानित कर रहे हो।

दूसरा जोगी : हट जा नहीं तो तुझे शाप दे दूँगा। तू नष्ट हो जायेगी।

लोई : माँ को छोड़कर भागने वालों के शाप की शक्ति भी ख़त्म हो जाती है। तू क्या मुझे शाप देगा?

मोटा जोगी : हट–हट, औरत धर्मपथ की सबसे बड़ी बाधा है।

लोई : तो सारे ईश्वर स्त्रीहीन क्यों नहीं हैं? तुम तो ख़ुद ही शापित हो दर–दर भटकने के लिये। धर्मपथ पर चलते तो ईश्वर के नाम पर यहाँ हमला करने के लिये नहीं आते। ईश्वर के पास तो प्रेम के सिवाय कुछ नहीं है। ये कौन–सी भक्ति है, जो नफ़रत सिखाती है और किसी को नष्ट करने को धर्म कहती है।

दूसरा जोगी : *(झल्लाते हुए)* ये पूरी चण्डाल मण्डली वध किये जाने लायक़ है।

(जवाब में शिष्य भी ज़ोर–ज़ोर से चिल्लाते हैं)

एक शिष्य : कितनों को मारोगे? हमारी तादात कम नहीं होने वाली है। हम सब अगर मिलकर एक–एक धक्का दे देंगे तो सारे जोगी यहीं मारे जाओगे।

दूसरा शिष्य : जोगी महाराज, अब तक तो आपके हम पैर

पूज रहे थे। अब सिर तोड़ने में एक भी पल नहीं लगाएँगे।

(टकराहट का माहौल बन रहा है। एक बूढ़ा जोगी बीच–बचाव करता है। उसे लग चुका है कि बात ज़्यादा बिगड़ सकती है। वह एक के कान में कुछ कहता है और बाक़ी जोगियों को हटाता है, उनसे वापस चलने को कहता है। वह लोई से भी हाथ जोड़ता है। लोगों की भीड़ देखकर जोगियों के हौसले भी पस्त हो जाते हैं। वे एक–एक कर वापस जाते हैं। स्टेज पर लोई, कमाल और कबीर ही बचते हैं। शेष शिष्य चले जाते हैं।)

लोई : *(कबीर से)* आप मुस्कुरा रहे थे। कुछ बोले क्यों नहीं?

कबीर : अगर उनके पास सुनने का धैर्य होता तो वे मुझ पर पहले ही हमला क्यों करते?

लोई : तो मैंने क्या उनसे बात करके ग़लत किया?

कबीर : न रे, वे मेरी भाषा नहीं समझ पा रहे थे, मैं तो कितने बरसों से इन्हें समझाने की कोशिश कर रहा हूँ, लेकिन आज तेरे भीतर जो स्त्री जागी, जो माँ बाहर आयी उसे देखकर वो भाग खड़े हुए। जानती है, आज तो तेरी बात सुनकर मेरा सिर झुकता है तेरे आगे। कबीर जो कहता है तू उसे जीकर दिखाती है।

लोई : आप सबके और मेरे भी मान्य हो। आप ही से तो सुना–सीखा है, लेकिन तलवार के ज़ोर पर ये कौन–सा धरम चलाना चाहते हैं?

कबीर : ये भटके हुए लोग हैं। इन्हें जोगी कहना भी ग़लत है। असल जोगी तो मैं होना चाहता

था। कनफट्टा जोगी जो अपना सब कुछ त्यागकर सबके लिये जीता है।

लोई : आप तो जो हो वही रहो। सबको जगाते रहो। आपके ज्ञान की रौशनी में मैं भी थोड़ा–बहुत देख लेती हूँ। मुझे और कुछ नहीं चाहिए।

कबीर : लोई, तू तो मेरी गुरु होने लायक़ है।

लोई : आप भी क्या कहते हो?

कबीर : हाँ लोई, जो सिखाने योग्य है वही गुरु है। जो ज्ञान दे वो छोटा, जो जीकर सिखाए वो बड़ा गुरु है। आसन वाला गुरु तो कोई भी बन सकता है।

(मंच के पीछे से दोहा गाया जाता है।)

–(दोहा)

गुरु घोबी सिख कापड़ा साबुन सिरजन हार।
सुरत सिला पर धोइए, निकसे जोत अपार।।

लोई : *(कबीर को छूते हुए)* आपकी चोट कैसी है?

कबीर : बाहर की चोट कोई चोट है। दो–चार दिन में चली जायेगी। असल ज़ख़्म भीतर होता है। ये जोगी ऐसे हिंसक होकर अपने पन्थ को कलंकित करते हैं। जिस तरह हर धर्म मानवता सिखाता है, उसी तरह हर पन्थ की अन्तिम सीख प्रेम है, बस। ये मूरख इतना नहीं जानते।

लोई : आपको क्या ज़रूरत है इनकी निन्दा करने की? जो जैसा है उसे रहने दो। कोई सुधरना न चाहे तो उसे कैसे सुधारा जा सकता है?

कबीर : मैं कहाँ सुधार रहा? बस ग़लत को सही नहीं मान रहा, इतनी–सी बात है। मैं बीमारी के

लक्षण बताता हूँ ताकि ये समझें और स्वस्थ रहें। ये अपना रोग पालकर जीना चाहते हैं, इन्हें लोक–परलोक कहीं भी मुक्ति नहीं मिलेगी। दरअसल, साईं से भक्ति तो सबसे पहले क्रोध छीनती है। जिनके पास इतना क्रोध है तो साईं उन्हें अपने पास फटकने भी न देगा।

लोई : सच कहते हो कबीरा।

(कमाल और कमाली, दोनों कबीर के पास आकर ज़मीन पर बैठ जाते हैं। कबीर दोनों के बाल सहलाता है।)

कमाल : *(नाराज़गी भरे स्वर में)* कहाँ जाते हो बाबा, क्या ढूँढते हो? आपको पता है, मुझे कितना गुस्सा आता है? कमाली डर जाती है कि आपको कुछ हुआ तो नहीं। अम्मा सबकुछ भीतर ही भीतर पीती रहती है। तुम्हारी तारीफ़ कर–करके तुम्हें याद करती रहती है।

कबीर : हाँ बेटा, दीन–दुनिया आगे–आगे रहती है, घर आखिर में आता है। यह सही नहीं है। मैं ही कहता हूँ कि जो संसार में रहकर भक्ति नहीं कर पाया, उसे पहाड़ों पर भटकने से ख़ाक साईं मिलेंगे? लेकिन ख़ुद ही भूल जाता हूँ।

कमाल : बाबा, मुझे मेरे बाबा चाहिए। बाबा, तुम नहीं रहते तो लगता है, घर में सब कुछ है, छत गायब है। बचपन में मुझे बहुत डर लगता था, क्यों, पता नहीं, पर लगता था। अब वो डर गुस्से में बदल गया है। कई बार सोचा कि तुमसे कहूँगा, लेकिन यह कहने की हिम्मत

भी इतने साल बाद आयी है।

(कमाल की आँख में आँसू हैं। वह कबीर से लिपट जाता है। कबीर भी कमाल को भींच लेता है।)

कबीर : कुछ नहीं रे। अब समझ गया हूँ, सब यहीं घर में ही है। कहीं नहीं जाऊँगा अब। कपड़ा बुनूँगा, भजन करूँगा। ख़ुद को तलाशने निकला था। सब कुछ इसी देहरी के भीतर है। बार–बार भटका, लेकिन अब नहीं। तुम लोगों को भी अपने बाबा से कोई शिकायत न होगी। मुझे कोई साधू बनकर आश्रम या मठ–मन्दिर, चेले–चेली थोड़ी बनाना है? मैं तो एक जुलाहे की तरह तुम लोगों के साथ करघे पर खटते हुए ही दुनिया से जाना चाहता हूँ।

कमाल : *(हाथ जोड़ते हुए)* बाबा, मैंने कुछ ज़्यादा बोल दिया हो तो मुझे माफ़ करना।

कबीर : न बच्चे, तूने तो मुझे जगाया है। पिता का धर्म समझाया है। तू भी इस ज्ञान के लिये मेरा गुरु हुआ। *(मुस्कुराते हुए)* तो गुरु जी, आपको दक्षिणा में वचन देता हूँ कि अब न तुम्हें न तुम्हारी माई को मुझे ढूँढ़ना पड़ेगा, क्योंकि मैंने ख़ुद को तलाश लिया है।

कमाल : यह तो बहुत अच्छा होगा, बाबा। *(लोई की ओर इशारा करते हुए)* अम्मा के चेहरे की चमक तो देखो। *(लोई मुस्कुरा देती है।)*

कबीर : हाँ बेटा, साधू अगर अपने पेट की फ़िक्र करता है तो परिवार की भी सोचनी चाहिए।

मैं गृहस्थ हूँ, कभी–कभी भूल जाता हूँ। जंगल–पहाड़ सब जगह देख आया। सारा काबा–काशी यहीं है। और अब तो मुझे गुरु भी मिल गयी है, तुम्हारी अम्मा। सत्संग में लोगों को भजन याद कराते–कराते रम गयी है।

कमाल : बाबा, पता है, आप से मैं हमेशा अन्दर–अन्दर गुस्सा करता रहा हूँ। मुझे लगता था कि हम आपके लिये कुछ मतलब नहीं रखते। आप हमें भी चेले–चेलियों से भी कमतर समझते हो। अम्मा से शिकायत भी करता था, लेकिन अम्मा हमेशा आपकी ही तरफ़दारी करती है। उल्टा मुझसे कहती है कि मैं गुस्सैल हो गया हूँ।

कबीर : मेरा कोई चेला नहीं रे, मैं चेला–गुरु का चक्कर ही नहीं पालता। रहा सीखने का, तो मैं तो राह चलते फ़कीर से लेकर राजा तक से सीखता हूँ। बहुत गुरु बनाये, ख़ुद चेलाही करके देख ली। अब सबसे कहता हूँ, अपने गुरु आप बनो, क्योंकि जो गुरु नहीं, वो गुरु कम गुरू घण्टाल ज़्यादा हैं। ये गुरु माँ–बाप, बीवी–बच्चों के परिवार को संसार को मोह बताकर छोड़ भागेंगे, चार सौ चेला–चेली का मोह पाल लेंगे। एक बिस्वा का घर छोड़ेंगे, हज़ार बीघा क़ब्ज़ा करके आश्रम बना लेंगे। मोह में इतना डूबे तो काहे का गुरु और कौन चेला? माया से ख़ुद बँधे हैं तो दूसरे को कहाँ से मुक्ति देंगे?

कमाल : लेकिन बाबा, आपके चेले तो हैं। वो आपको

सद्‌गुरु कहते हैं।

कबीर : लोग सत्संग में आते हैं, ख़ुद को शिष्य कह कर ख़ुश होते हैं। मैं किसी को गण्डा–ताबीज थोड़ी बाँधता हूँ? हर सत्संग में कहता हूँ कि मुझे मनुष्य बने रहने में मेरी मदद करो। मेरे साथी बनो, शिष्य नहीं।

कमाल : बाबा, मैं भी तुम्हारा साथी बनूँगा। वैसे अब बहुत अच्छा होगा। आप ज़्यादा से ज़्यादा हमारे पास रहोगे।

कबीर : हाँ बेटा, तेरा बाबा दिखता लापरवाह है, पर है नहीं।

(कबीर कमाल को चिपका लेता है। कमाली भी आकर लिपट जाती है।)

कबीर : ला लोई, कुछ खाने को दे दे। आज तो मार ही खायी है और अब पूत का प्रवचन खा रहा हूँ।

(कमाल मुस्कुराता है। लोई खाना लेने जाती है। तीनों भोजन कर रहे हैं, भजन बज रहा है।)

–(भजन)

अवधू भूलै को घर लावै,
सो जन हमको भावै।
घर में जोग, भोग घर ही में,
घर तज बन नहिं जावै।
घर में जुक्त मुक्त घर ही में,
जो गुरु अलख लखावै।
सहज सुन्न में रहै समाना,
सहज समाधि लगावै।
उन्मुनि रहै ब्रह्म को चीन्है,

परम तत्त्व को ध्यावै।
सूरत–निरत सो मेला करके,
अनहद नाद बजावै।
घर में बसत, बस्तु भी घर है,
घर ही बस्तु मिलावै।
कहत कबीर सुनौ हौ साधू,
ज्यों का त्यों ठहरावै।।

अन्तिम दृश्य : आठ

सिकन्दर लोदी का दरबार

सूत्रधार

पुरुष : तू सच कहती थी। कबीर की जीवन–गाथा में कहाँ नहीं थी लोई...।

स्त्री : बिल्कुल... और कबीर जब भटकन थे तब धैर्य थी लोई। कबीर जब योद्धा बने तो तलवार बनी लोई...।

पुरुष : लोई इस बार सिकन्दर लोदी के दरबार में थी। सिकन्दर लोदी, लोदी वंश का दूसरा शासक, जिसका एक चेहरा अदब नवाज़, गुलरुखी के नाम से फ़ारसी में कविताएँ लिखने वाला। जो शहनाई बजने पर झूम उठता था, इसी के काल में संगीत की पुस्तक 'लज़्ज़त–ए–सिकन्दरी' रची गयी।

स्त्री : प्रजा के लिये इतना दयालु कि सिकन्दर लोदी के राज्य में न चुंगी थी, न कोई व्यापारिक कर। ग़रीबों के लिये मुफ़्त भोजन

की व्यवस्था थी, तो भ्रष्ट जागीरदारों के लिये कठोर दण्ड तय था। सभी ज़ागीरदारों को अपने आय का सालाना हिसाब प्रजा के सामने रखना पड़ता था।

स्त्री : सिकन्दर लोदी का दूसरा चेहरा इस्लाम को लेकर हद दर्ज़े का कट्टर। इस्लाम से द्रोह की उसके राज्य में एक ही सजा थी...इस्लाम कबूल करो *(विस्मय के साथ)*... या मौत चुनो। सिकन्दर लोदी ख़ुद को सूफ़ी शेख़ तक़ी का मुरीद बताता था, उनसे अक्सर मिलता रहता था। दूसरी तरफ़ औरतों के लिये हद दर्ज़े का असहिष्णु। ऐसा शासक था जिसने औरतों के मज़ार पर जाने तक की पाबन्दी लगा दी थी। मोहर्रम के जुलूस और ताज़ियों पर रोक लगा दी थी। तुर्रा यह कि वह सब कुछ इस्लाम में सुधार के नाम पर करता था।

स्त्री : सूफ़ी सन्त शेख़ तक़ी की सिकन्दर लोदी के दरबार में धाक थी। चूँकि शेख़ तक़ी ने कबीर के ज्ञान की बहुत तारीफ़ की थी इसीलिए उसने सिपाहियों से कबीर को बा–इज़्ज़त लाने का हुक्म दिया। सिपाही कबीर को लेने जाते हैं। अब देखना ये था कि कबीर की मुलाक़ात किससे होती है? शेख़ तक़ी के मुरीद उदार सिकन्दर लोदी से या अहंकारी सुल्तान से?

पुरुष : –(दोहा)

कबिरा गरब न कीजिए, ऊँच देख आवास।
काल्हि परऊ घर लेटना, ऊपर जामि घास।।

(दरबार के दृश्य की शुरुआत पद गायन से होती है। गायन के बीच ही सुल्तान सिकन्दर लोदी आकर बैठते हैं। पूरा दरबार सजता है। सब अपनी–अपनी जगह ले लेते हैं।)

–(गीत)

स्याह सिकन्दर काशी आया
क़ाज़ी–मुल्ला के मनि भाया
कहै सिकन्दर ऐसी बाता
हूँ तोहि देषूँ दीजिग जाता
गाफल संक न मानै मोरी
देषूँ साँची करामाति तोरी
बाँधो पग मेहल्यो जंजीरू
लै बोरयो गंगा कै नीरू

(सुल्तान सिकन्दर लोदी अपने सिंहासन पर बैठा है। पूरा दरबार सजा हुआ है। सामने सुल्तान की सीध में वज़ीर बैठे हैं। सुल्तान के अगल–बगल थोड़ा नीचे दो और आसन हैं। जिस पर शहर क़ाज़ी ख़ासतौर पर दायें बैठे हैं, बायीं तरफ़ के आसन पर सेनापति मौजूद हैं। सुल्तान के पीछे दायें–बायें दो सिपाही खड़े हैं। दरबार में आगे से दूसरे दो सिपाही आगे और दो पीछे दाख़िल होते हैं। उनके बीच में कबीर, लोई, कमाल, कमाली–सब साथ चलकर आते हैं। कबीर के पहुँचते ही दरबार झुक कर कबीर का स्वागत करता है। सुल्तान अपनी जगह बैठा रहता है।)

शहर काज़ी : सुल्तान, आपके बुलावे पर कबीर दास हाजिर

हैं। *(काज़ी साथ गये लोगों का परिचय कराता है)* ये हैं उनकी बेग़म और बेटा कमाल और बेटी कमाली।

(लोई और कमाल, कमाली झुक कर सुल्तान को सलाम पेश करते हैं।)

सिकन्दर लोदी : *(लोई की ओर देखते हुए)* सेनापति से... आपने कबीर दास से कहा नहीं कि हमने सिर्फ़ इन्हें बातचीत के लिये बुलाया है, इनकी अहलिया और बच्चों को नहीं। इनकी बेगम को ज़नानाख़ाने में ले जाइये। इनका यहाँ दरबार में क्या काम है?

लोई : सुल्तान, गुस्ताख़ी माफ़ हो, मेरा नाम बेग़म नहीं लोई है। यह पूरा परिवार मिलकर ही कबीर पूरा होता है और लोई भी। हम इसलिए साथ आये हैं।

सिकन्दर लोदी : *(अनदेखा करते हुए)* ख़ैर, बताइये कबीर दास, आपको यहाँ तक आने में कोई तकलीफ़ तो नहीं हुई? मैंने सिपाहियों को बा–अदब लाने का हुक्म दिया था। हम सूफ़ी सन्तों की बहुत कद्र करते हैं। हम अपनी हुकूमत में जहाँ भी जाते हैं, ऐसे लोगों से मिलने की कोशिश करते हैं।

(कबीर मुस्कुराते हैं और हाथ सीने से लगाकर आभार प्रगट करते हैं।)

सिकन्दर लोदी : शेख़ तक़ी साहब से बड़ी तारीफ़ सुनी थी आपकी। गुफ़्तगू और तक़रीरों में अक़्सर आपका जिक्र करते हैं। कहते हैं, बहुत सुलझे हुए शख़्स हैं, लेकिन जब से काशी आया, आपके बारे में सब उल्टा ही सुन रहा हूँ।

यहाँ तक कि आप हिन्दू–मुसलमान दोनों की इबादत का माखौल उड़ाते हैं। पण्डितों ने भी आज आपकी शिकायत की है। मौलवी अलग आपसे नाराज़ हैं। एक ही शख़्स से दोनों ख़फ़ा हों, ऐसा कम ही होता है। सोचा कि आप से ही पूछा जाये कि ऐसा क्यों है? आप वो क्या उल्टी–पुल्टी बात करते हैं, वो क्या...।

(याद करने की कोशिश करता है।)

शहर काज़ी : उलटबाँसी सुल्तान ...उलटबाँसी।

कबीर : सुल्तान, मैं तो सीधा–सीधा कहता हूँ, पण्डित, मौलवी, जोगी, जैनी उसे उलटबाँसी कहते हैं। सीधे–साधे लोगों को तो मेरी बात सीधी लगती है।

सिकन्दर लोदी : मतलब आप कह रहे हैं कि मौलवी, पण्डित सीधे–साधे नहीं होते। मैंने जो बातें आपके ख़िलाफ़ इधर सुनी हैं, वो बातें सही तो नहीं हैं। सच यह है कि अगर शेख़ तक़ी साहब से पहले आपकी तारीफ़ न सुनी होती तो आपकी गरदन उतारने का हुक्म दे देता। यहाँ आप नहीं, तश्तरी में सजी आपकी गरदन आती।

(कबीर मुस्कुराते हैं।)

सिकन्दर लोदी : *(चेहरे पर तनाव उभरता है)* शहर काज़ी, आप ही बताइए कि ये कबीर दास इस्लाम के बारे में क्या–क्या कहते हैं?

शहर काज़ी : ये ख़ुदा के बन्दों का मज़ाक उड़ाता है। नमाज़ पढ़ने वालों को भला–बुरा कहता है। यहाँ तक कि मस्जिद को ग़ैरज़रूरी बताता

है। मौलवी, इमाम, मुतवल्ली और क़ाज़ी के बारे में क्या–क्या नहीं कहता है।

इसी से समझिये कि ये इस्लाम को कितना बदनाम करता है–*(शहर दोहा पढ़ता है)*

–(दोहा)

कांकर पाथर जोड़ि कै, मस्जिद लियो बनाय।
ता चढ़ मुल्ला बांग दे, का बहरा भयो खुदाय।।

कबीर : और जो मैं कहता हूँ। वो भी तो सुनो–

–(दोहा)

दुनिया ऐसी बावरी पाथर पूजन जाय।
घर की चकिया कोऊ न पूजै जाकि पीसी खाय।।

इस पर हिन्दू भड़कता है। मैं तो सवाल पूछता हूँ। वही सवाल मैं जोगियों से पूछता हूँ तो मुझे त्रिशूल का डर दिखाते हैं। मुल्ला से पूछता हूँ तो पत्थर मारता है। सुल्तान की अदालत में तलवार का खौफ दिखाया जा रहा है।

सिकन्दर लोदी : तो तुझे मौत से डर नहीं लगता, साधू?

कबीर : मेरे साईं ने मुझे ये ताक़त दी है तो मैं कहता हूँ–

–(दोहा)

खुल खेल्यो संसार में बाँध सके न कोय।
जाको राखै साइँयाँ मार सके न कोय।।

लड़ाई के मैदान से ज़्यादा लोग घर की चारपाई पर मरते हैं, सुल्तान। फ़िर भी हम चारपाई पर सोना नहीं छोड़ते। तलवारें,

त्रिशूल जिनके हाथ में हैं, वे जो चाहें करें। मैं तो अपना काम करता रहूँगा।

शहर काज़ी : सुल्तान यह कहता है कि मुसलमान गाय काटते हैं। जीव हत्या करते हैं। यह कह कर लोगों को इस्लाम के ख़िलाफ़ भड़काता है। *(लोई की ओर देखकर कबीर हँसता है।)*

सिकन्दर लोदी : तुम जवाब देने की जगह हँस रहे हो?

लोई : सारा झगड़ा इसी हिन्दू, मुसलमान के फेर ने बनाया है। कबीर कहते हैं–

–(दोहा)

हिन्दू कहौ तो मैं नहीं, मुसलमान भी नाहिं।
पाँच तत्त्व का पूतला गैबे खेले माहीं।।

कोई माटी का पुतला कहाँ से आप सबके महान् धर्मों के लिये ख़तरा बन सकता है। कबीर को जो सही समझ आता है, कह देते हैं। आप कहते हो, इससे कौम ख़तरे में है तो मुझे अपने कबीरा पर गुरूर होने लगता है।

सिकन्दर लोदी : और तू यह भी कहता है कि मुसलमान विदेशी है।

कबीर : बता लोई, मैं इंसानों में भेद सिखाता हूँ क्या?

लोई : इंसान को इंसान से बाँटने वाला हर शख़्स विदेशी है। कबीर कहते हैं, इंसान,पशु–पक्षी, पेड़–पौधे सभी साथ रहते आये हैं, इनमें जो इंसान–इंसान के साथ रहना पसन्द न करे वो विदेशी नहीं तो क्या? जो हिंसा की बात करता है, साईं उसे कभी स्वीकार ही नहीं कर सकता।

सिकन्दर लोदी : लगता है कि आज तुम सब मारे जाओगे।

कबीर : कभी न मरने की हवस तुम्हें होगी, सुल्तान। मैं तो मरूँगा ही आज, अभी या कभी। सभी मरेंगे जो जन्मे हैं। जो अजन्मे हैं, वे जन्म लेंगे। जन्मे फिर मरेंगे। तुम्हारे बाप, दादा नहीं मरे क्या?

सुन सुल्तान– –(दोहा)

माली आवत देखकर, कलियन करीं पुकार।
फूले–फूले चुन लिये, काल्हि हमारी बार।।

(कई सिपाही तलवार लेकर कबीर की ओर बढ़ते हैं। कोई इशारा न पाकर घेरकर खड़े हो जाते हैं।)

कबीर : *(जोर से हँसते हैं)* सुल्तान, मेरी माँ ने जाने किन मजबूरियों में मुझे मरने के लिये लहरतारा के ताल में प्रवाहित कर दिया, मैं तब नहीं मरा। पण्डे मुझे मारने के लिये पत्थर बाँध कर गंगा माई की गोद में डुबा आये, गंगा माई ने लोई को भेज दिया, यह मुझे वहाँ से बचा लायी। जोगियों ने मुझे मार–मार के लहूलुहान कर दिया, मेरा कुछ नहीं बिगड़ा। मुल्लाओं ने पत्थर बरसाए, तब भी नहीं मरा। इसका यही मतलब है कि जब साईं बुलाएगा, तब चला जाऊँगा। हो सकता है, आज ही बुला ले, इसी दरबार में अगले ही पल। लेकिन उसके लिये तू अपनी ताक़त पर गुमान मत कर, सुल्तान। मैं मरूँगा या जिऊँगा, सब साईं की मरज़ी होगी।

सिकन्दर लोदी : तेरी ये हिम्मत। तुम हमारी हैसियत और हुकूमत को चुनौती देते हो? इसको बेड़ियों में जकड़ दो। अभी मैं इसका फ़ैसला करता

हूँ कि इसको गंगा में डुबोना है, पागल हाथी के पैरों के नीचे कुचलना है या तलवार से काटना है। इस पर तो रहम करना ही नहीं चाहिए। बाँधो बेड़ियों से तुरन्त...।

(गुस्से में सिकन्दर लोदी का चेहरा लाल हो जाता है। कबीर को घेरकर खड़े सिपाही फौरन बेड़ियों में जकड़ देते हैं। लोई कबीर के आगे आकर खड़ी होती है। क्रोध से तमतमाई लोई की आँखें सीधे सुल्तान की आँख में झाँकती है।)

सिकन्दर लोदी : मूर्ख औरत। तू मुझे आँख दिखा रही है? मेरे बारे में तू जानती नहीं।

लोई : जानती हूँ सुल्तान, बहुत ठीक तरीक़े से जानती हूँ। तुम ही तो हो जिसने मुसलमाान औरतों के मज़ार तक जाने पर पाबन्दी लगा रखी है। औरतों के बराबरी की बात दूर, उन्हें इंसान होने का हक़ भी नहीं है आपकी सल्तनत में। कौन–सा इस्लाम है आपका जो औरतों को छोटा बताता है। औरतों पर कोड़े बरसाने को अल्लाह का कानून कहता है। धर्म के गूढ़ को समझो, कूढ़ नहीं। ये तो ज़िद्दी जोगी भी कहते हैं कि औरत म्लेच्छ जाति की होती है। औरतों के लिये तो तुम दोनों एक हुए न तब तो।

सिकन्दर लोदी : ये क्या कह रही है? सब जानते हुए भी तेरी ये जुर्रत? मुझे मज़हब के मायने समझा रही है?

लोई : तो समझ जाओ, सुल्तान। मुझे सत्संग और संगति ने यही तो सिखाया है कि सच कहने के लिये किसी से मत डरो, चाहे सामने

सुल्तान हो या सम्राट् या शैतान।

सिकन्दर लोदी : *(सेनापति की ओर देखते हुए)* ये औरत क्या बक़वास कर रही है? इसकी जुबान काट लेनी चाहिए।

लोई : 'मार दो', 'काट दो', 'जला दो' की भाषा समझने वाले मेरी बात नहीं समझ पायेंगे। सुल्तान बनकर नहीं इंसान बनकर देखो—तुम्हें तब सच साफ़—साफ़ दिखायी पड़ने लगेगा। सूफियों से संगत का ढकोसला और उनके कहे पर अमल दो अलग बातें हैं, सुल्तान। और मौत का भय किसे दिखाते हो? तुम्हारी तलवारें देह के टुकड़े कर सकती हैं। काया का मोह तो हम कब का त्याग चुके। सिर पर ताज पहनने से समझदारी नहीं आ जाती। ताज उठाकर एक किनारे रख दो। कबीर को तब समझ पाओगे। तुम्हारे सर पर ताक़त का नशा है, जिसने तुम्हें पागल बना रखा है। *(तलवारें लिये सैनिक लोई को घेर लेते हैं।)*

शहर काज़ी : नादान, तू सुल्तान को पागल कहती है?

लोई : जो साफ़—साफ़ दिखाई दे रहे सच को भी देख नहीं पा रहा, उसे पागल ही नहीं अन्धा भी कहना चाहिए। सुल्तान, ये ताज जो आज तुम्हारे पास है, कल किसी और के पास था। कल किसी और का होगा।

सिकन्दर लोदी : इस औरत को भी बेड़ियों में जकड़ दो। *(बेड़ियाँ लेकर सैनिक लोई की तरफ़ बढ़ते हैं। लोई को भी बेड़ियों में जकड़ दिया जाता है।)*

लोई : सुल्तान, इंसान बनो। ख़ुदा होने का भरम रखने वाले सब यहीं मिट गये हैं।

सिकन्दर लोदी : *(आपे से बाहर होता हुआ)* ले जाओ दोनों को और पागल हाथी के सामने छोड़ दो। इन दोनों की यही सजा है कि पागल हाथी के पैरों के नीचे कुचलकर मारे जायें।)

(सिपाही ज़ंजीर में जकड़े कबीर और लोई को लेकर मंच से जाते हैं। परिदृश्य से शोर मचता है। हाथी कई बार चिंघाड़ता है। आवाज़ें आती हैं–सद्गुरु को कुछ हो गया क्या? लगता है, लोई माई को हाथी ने कुचल दिया है। रोने की आवाज़ें भी शोर में शामिल हो जाती हैं।)

शहर काज़ी : सुल्तान, सिपाही बता रहे हैं कि बहुत बड़ी भीड़ चारों ओर से चली आ रही है। उनमें टोपियाँ कितनी हैं और पगड़ियाँ कितनी, यह गिनना मुश्किल है। मुझे लगता है कि आपको डेरा उखाड़ने का हुक्म देना चाहिए।

(शहर क़ाज़ी दरबार से जाता है। इसी बीच एक गुप्तचर सेनापति के कान में कुछ कहता है)

सेनापति : *(बेचैन होते हुए)* जान की माफ़ी हो, सुल्तान। अभी–अभी गुप्तचर से खबर मिली है कि चन्दवार क्षत्रियों ने पूरी ताक़त के साथ दिल्ली पर हमला बोल दिया है। लोदी सल्तनत के वजूद पर ख़तरा है। हमें तुरन्त यहाँ से निकलना होगा। हम यहाँ अगर उलझ गये तो बड़ा ख़तरा जो सिर पर आन पड़ा है, वह

लोदी सल्तनत के लिये भारी होगा।

शहर काज़ी : *(मंच पर आते हुए)* सुल्तान, लोई बहुत बुरी तरह घायल हो गयी है। पाग़ल हाथी ने सूण्ड में लपेटकर उसे फेंक दिया था। उसका बचना मुश्किल है। अगर लोई की जान जाती है तो उनके शिष्य हिंसा पर उतर सकते हैं। सेनाओं को तो हराया जा सकता है, आवाम से कोई जीत नहीं सकता।

(सिकन्दर लोदी और भी बेचैनी दिखाते हुए.. .हाथ से चलने का इशारा करता है।)

सिकन्दर लोदी : *(सिपहसालारों से कहता है)* वापस चलो सब लोग। यहाँ से डेरा उखाड़ो।

(सिपाही धीरे–धीरे जाने लगते हैं। एक तरफ़ से लोग आ रहे हैं। थोड़ी देर में स्टेज से सुल्तान लोदी, शहर क़ाज़ी आदि सब चले जाते हैं। दरबार का दृश्य हट जाता है। सादा मंच है, जिस पर कबीर के शिष्यों की गिनती एक–एक करके बढ़ रही है। कमाल रोता हुआ घायल लोई को गोद में लिये मंच पर आता है।)

कमाल : बाबा, बाबा ये अम्मा को क्या हो गया?

(लोई को जमीन पर लिटाता है और दहाड़ मारकर रोता हुआ बैठ जाता है। चेहरे पर चोट का निशान लिये कबीर भी पीछे से आता है।)

कबीर : *(दौड़कर)* लोई हे लोई। मुझे बचाने तू हर जगह ही आ जाती है री। आज हाथी के आगे भी तू आ गयी...*(कबीर की आँख से*

आँसू टपकते हैं।)

लोई : कुछ नहीं कबीरा। लगता है, मुझे साईं का बुलावा आ गया है।

कबीर : ऐसा नहीं कहते, लोई।

लोई : ये लो, पूरी दुनिया को जीवन–मरण का मर्म बताते हो। जब तुम्हारी पत्नी जाने को कहती है तो कहते हो ऐसा नहीं कहते। तुम ही तो कहते हो कि असली घर तो वही है, साईं से मिलना ही आत्मा की आख़िरी मंज़िल है।

कबीर लोई, ये कबीरा तुम बिन अधूरा है रे। तू तब मिली जब पण्डा लोग मुझे डुबाने ले जा रहे थे। तू जाने को कह रही है जब अभी एक मुसलमान सुल्तान मुझे इस्लाम का दुश्मन बताकर गया है। बड़ा काम पड़ा है रे लोई। सब तोड़ने वाले, मैं अकेला कहाँ–कहाँ जोड़ूँगा, क्या–क्या करूँगा?

लोई : तुम अकेले कहाँ हो कबीरे? देखो न तुम एक थे, अब विचार हो। आँख उठाकर देखो, जो सुल्तान नहीं देख पाया, तुम्हें तो सब कुछ साफ़–साफ़ नज़र आ रहा होगा। जो लोग खड़े हैं, जो लोग आ रहे हैं, उनमें कौन हिन्दू है कौन मुसलमान, कौन सैयद है कौन पठान और कौन जुलाहा, कोई अलग पहचान ही नहीं है इनकी। आप यही तो चाहते थे। पण्डित, मौलवी, शेख़, सुल्तान–सब चाहकर भी इन्हें बाँट नहीं पाए, उधर देखो कबीरे।

कबीर : हाँ लोई। *(आँख में आँसू और मुस्कुराहट के साथ आकाश की ओर देखकर कहता है)* राम

जी, आप इसे मुझसे ज़्यादा चाहते हो न?
(कबीर लोई को पूरा अपने में समेट लेता है। दोनों एक से हो गये हैं)

पीछे से दोहा गाया जाता है–कमाल–कमाली रोते हैं।

–(दोहा)

नैना अन्तर आव तू, पलक झाँपि तोहे लेहूँ।
न मैं देखूँ और कू, तुझ्झ न देखन देहूँ।।

(लोई का शरीर निढाल होने को होता है। शिष्यों के रोने का स्वर तेज़ हो जाता है। कबीर गोद में लोई का सिर रखे जड़वत् बैठे रहते हैं। लोग एक–दूसरे से पूछ–बता रहे हैं। कबीर एकटक लोई को निहार रहा है, उसकी उँगलियाँ लोई के बालों को सहला रही है। उपस्थित लोगों में कुछ लोई माता अमर रहें के नारे लगा रहे हैं।)

उत्तेजित शिष्य : हम लोग लोई माता के हत्यारों से बदला लेंगे। सब लोग तैयार हो जाओ।
(लोई कराहते हुए हाथ के इशारे से लोगों को मना करती है। हाथ जोड़ती है। कुछ लोग स्टेज से जाने लगते हैं। बाक़ी हाथ जोड़े खड़े हैं। लोई...दम तोड़ देती है)
(भीड़ का शोर)

कबीर : *(भरी आवाज़ में)* तुम सब लोग अपने–अपने घर जाओ। लोई को मैं लाया था ब्याहकर। मैं ही अकेला श्मशान तक अपनी लोई की देह लेकर जाऊँगा। *(आकाश की ओर देखकर बोलता है)* इस देह में कबीर जा रहा है, रे

देखो रे देखो। मुझे देखो... मैं कमज़ोर हो रहा हूँ, टूट रहा हूँ। मुझे टूटने मत दो साईं। मुझे सँभाल लो।

(कबीर की आँखें आँसू से डबडबा गयी है।)

पीछे से भजन बज रहा है।

–(भजन)

दुलहिन तोहि पिया घर जाना।
काहे रोवो, काहे गावो
काहे करत बहाना।
काहै पहिरिओ, हरि–हरि चुड़िया,
काहे प्रेम के बाना।
कहै कबीर सुनो भाई साधो,
बिन पिया नाहीं ठिकाना।

(कबीर कमाल और कमाली को उठाता है। लोई के शरीर को सीधा करके लिटाता है अकेले। शिष्य मदद करने आते हैं, किसी को छूने नहीं देता।)

कबीर : *(कमाल से)*–बेटा, तेरी माँ के बक्से में सबसे ऊपर मेरी बुनी हुई चुनरी रखती थी। जाकर ले आ।

(कबीर रोते हुए शिष्यों में एक की पीठ पर हाथ फेरता है। संकेतों में उन सब को जाने को कहता है। शिष्य ज़िद कर रहे हैं। कबीर समझाने की कोशिश करता है। धीरे–धीरे कुछ लोग चले जाते हैं। लोई की देह कबीर के सामने है। देखता रहता है फिर धीरे–से उसके बगल में लेट जाता है। तरह–तरह से

सिर सहलाता है। ऊपर वाला गीत मद्धिम स्वर में दोहराया जाता है। कमाल चुनरी लेकर आता है। कबीर लोई को ओढ़ा देता है।

कमाल : बाबा, अम्मा चली गयी न हमें छोड़कर? *(पहले सुबकता है, फिर दहाड़ें मारकर रोता है। कमाली भी कमाल से लिपटकर रोने लगती है।)*

कबीर : नहीं बेटा, एक दिन तेरी अम्मा ने मुझसे पूछा था कि वो कौन है, मैंने कहा लोई तू कबीर है। मुझसे कहा कि तू कौन है, मैंने कहा कि मैं लोई हूँ। आज सचमुच मैं लोई हो गया हूँ। तुम्हारी अम्मा पूरा मुझमें घुल गयी है। *कबीर लोई को गोद में उठा लेता है। भक्त सिसक रहे होते हैं। कबीर की पीठ स्टेज की ओर है, वह लोई को उठाकर बढ़ चलता है। कमाल और कमाली दहाड़ें मारकर रो रहे होते हैं अम्मा..अम्मा..अम्मा...)–*
(पीछे से अन्तिम भजन बजता है)

–(भजन)

मैं अपने साहब संग चली
हाथ में नरियल मुँह में बीड़ा
मोतियन माँग भरी।
लिल्ली घोड़ी, जरद बछेड़ी,
तापै चढ़ के चलि।
नदी किनारे सतगुरु भेंटे,
तुरत जनम सुधरी।
कहैं कबीर सुनौ भाई साधौ,

दोउ कुल तारि चली।
मैं अपने साहब संग चली
मैं अपने साहब संग चली
मैं अपने साहब संग चली...

(समाप्त)

कबीर के पद और अर्थ

24–पेज–

कहत कबीर सुनहु रे लोई।
हरि बिन राखन हार न कोई।।

भावार्थ– लोई को सम्बोधित करते हुए कबीर कहते हैं–"सुनो लोई, ईश्वर के अलावा हमारी रक्षा करने वाला कोई नहीं है।" यहाँ कबीर का आशय अहंकार से बचें, राखनहार बस एक ही है, यह याद रखें।

24–पेज–

मसि कागद छुयो नाही, कलम गही नहीं हाथ।
चारो जुग कै महातम कबिरा मुखहिं जनाई बात।।

भावार्थ– मैंने स्याही और काग़ज़ छुआ नहीं है, क़लम को हाथ नहीं लगाया है। चारों युग के महात्म्य का वर्णन मैं मौखिक ही करता आया हूँ। कबीर की बानी के एक बड़े हिस्से को लोई द्वारा लिखा गया माना जाता है।

24–पेज–

कबिरा खड़ा बजार में लिये लुकाठी हाथ।
जो घर फूँकै आपना चलै हमारे साथ।।

भावार्थ– कबीर दास जी कहते हैं कि मैं सत्य और तर्क़ के मार्ग पर चल रहा हूँ। मेरे साथ चलना या मेरी राह पर चलना उसी तरह है जैसे कोई आदमी अपना ही घर जलाकर और आग लगाने वाली लकड़ी की लुकाठी (मशालनुमा) लिये बाज़ार में अके़ले खड़ा है और उसके साथ हम चल दें, यानी अपना सर्वस्व त्यागकर सच के साथ खड़े होने का साहस। इस दोहे की व्याख्या इस तरह भी होती है कि कबीर कहते हैं कि अपने अहंकार को जलाने की ताक़त हो तो भक्ति यानी उनके बताये मार्ग पर चलो।

26–पेज–

झीनी–झीनी बीनी चदरिया
काहै के ताना काहे के भरनी,
कौन तार से बीनी चदरिया।
इंगला–पिंगला ताना भरनी,
सुसमन तार से बीनी चदरिया।।
आठ–कँवल दस चरख़ा डोले,
पाँच तत्त्व गुन तीनी चदरयिा।
साईं को सियत मास दस लागे,
ठोंक–ठोंक के बीनी चदरिया।।
सो चादर सुर–नर–मुनि ओढ़िन,
ओढ़ि के मैली कीन्हीं चदरिया।
दास कबीर जतन से ओढ़िन,
जस की तस धर दीन्हीं चदरिया।।

भावार्थ– कबीर कहते हैं– आत्मा की चादर बहुत झीनी है, मतलब बहुत बारीक। इतना महीन काम कोई कुशल जुलाहा ही कर सकता है। वह कलाकार जुलाहा है, ईश्वर। किस–किस तरह से वह आत्मा की चादर बुनता है। ईश्वर ने अपने करघे के ताना पर इंगला, पिंगला, सुषुम्ना नाड़ी के धागे से देह की चादर बुनी। इसमें आठ

कमलों का एक चरख़ा चल रहा है। पाँच तत्त्व को समाहित किये तीन तार चादर बुनने के काम में लगे हैं। ईश्वर ठोंक–ठोंक के बड़ी कुशलता से चादर बुनने में दस महीने का समय लगाता है। मनुष्य अपने लोभ से इस चादर को ओढ़कर मैली कर देता है। कबीर दास कहते हैं कि मुझे जैसी चादर मेरे साईं ने दी, मैंने उसे इस तरह ओढ़ा कि बिल्कुल मैली नहीं हुई और मैंने जैसा पहना था, वैसा ही उतार कर रख दिया। जन्म के समय जितनी पवित्र, जीवन आयु पूर्ण होने पर वैसी हो जाना ही कबीर के लिये सच्ची भक्ति है।

27–पेज–

मौक़ो कहाँ ढूढ़े रे बन्दे, मैं तो तेरे पास में
ना मैं देवल, न मैं मस्जिद, ना काबे, कैलास में
ना तो कौनो क्रिया–करम में, नहीं योग–बैराग में
खोजी होयँ तो तुरतै मिलिहौं, पल भर की तलाश में
कहैं कबीर सुनो भाई साधो, सब स्वांसों की स्वांस में

भावार्थ– ऐ बन्दे, तू मुझे यहाँ–वहाँ कहाँ ढूँढ़ रहा है? मैं तो तुम्हारे ही पास मौजूद हूँ यानी तुम में शामिल हूँ। न तो मैं देव स्थानों में रहता हूँ, न मस्जिद में पाया जाता हूँ, न क़ाबा में रहता हूँ और न ही कैलाश पर्वत में। मैं किसी कर्मकाण्ड में नहीं हूँ, मुझे पाने के लिये योग–अभ्यास की भी ज़रूरत नहीं और न ही वैराग्य की राह अपना कर सब कुछ छोड़ देने से। मैं तो तुमसे बस एक पल दूर मौजूद रहता हूँ, वह पल यूँ है कि इधर तुमने सोचा उधर मैं मिला। कबीर दास जी कहते हैं कि ईश्वर तो हम सबकी साँस में समाया हुआ है।

29–पेज–

माला फेरत जुग मुआ फिरा न मन का फेर
कर का मन का डारि दे मन का मन का फेर
कबिरा माला मनहिं की और संसारी भेख
माला फेरत हरि मिलैं गले रहंट के देख

माला तो कर में फिरे जीभ फिरे मुख माँहि
मनवाँ तो चहुँ दिस फिरै यह तो सुमिरन नाहिं

भावार्थ– कुछ लोग बरसों तक हाथ में मोती की माला घुमाते रहते हैं। उनको लगता है कि इससे मन को शान्ति मिलेगी जबकि ऐसा होता नहीं है। मन को व्यग्रता और वासना घेरे रहती है। कबीर दास कहते हैं कि माला तो मन की होती है, बाक़ी सब संसारी आडम्बर है। माला फेरने से ईश्वर मिलने की चाह है तो रहंट–जिसे रस्सी की मदद से कुएँ से पानी निकालने का काम लिया जाता है, उसके गले पर रस्सी घिसने के निशान तो बनते हैं, उसके हिस्से बाक़ी कुछ नहीं आता है। मोतियों की माला घुमाने वालों की गति ऐसी ही होती है, क्योंकि माला घुमाने से जीभ मुँह के अन्दर घूमती है और क्या होता है। मन तो चारों दिशाओं में भटकता रहता है और मनुष्य के हिस्से कुछ भी नहीं आता है।

37–पेज–

साधो, देखो जग बौराना।
साँची कही तो मारन धावै, झूठे जग पतियाना।
हिन्दू कहत, राम हमारा, मुसलमान रहमाना।
आपस में दौऊ लड़ै मरत हैं, मरम कोई नहिं जाना।
बहुत मिले मोहि नेमी, धर्मी, प्रात करे असनाना।
आतम–छाँड़ि पषानै पूजै, तिनका थोथा ज्ञाना।
आसन मारि डिंभ धरि बैठे, मन में बहुत गुमाना।
पीपर–पाथर पूजन लागे, तीरथ–बरत भुलाना।
माला पहिरे, टोपी पहिरे छाप–तिलक अनुमाना।
साखी सब्दै गावत भूले, आतम खबर न जाना।
घर–घर मन्त्र जो देन फिरत हैं, माया के अभिमाना।
गुरुवा सहित सिष्य सब बूढ़े, अन्तकाल पछिताना।
बहुतक देखे पीर–औलिया, पढ़ै किताब–कुराना।

करै मुरीद, कबर बतलावैं, उनहूँ खुदा न जाना।
हिन्दू की दया, मेहर तुरकन की, दोनों घर से भागी।
वह करै जिबह, वो झटका मारे, आग दोऊ घर लागी।
या विधि हँसत चलत है हमको, आप कहावै स्याना।
कहै कबीर सुनो भाई साधो, इनमें कौन दिवाना।

भावार्थ– कबीर कहते हैं– देखो, यह पूरा संसार उल्टा–पुल्टा हो गया है। इसे भले–बुरे का कोई ज्ञान ही नहीं है। सच बोलो तो मारने दौड़ता है और झूठ बोलो तो प्रतिष्ठा मिलती है। हिन्दू कहता है, राम श्रेष्ठ हैं, मुसलमान कहता है, रहमान बड़ा है। सब अपने–अपने ईश्वर के लिये लड़ने को तैयार खड़े हैं। धर्म का मर्म कोई नहीं समझना चाहता है। मुझे नियम–धरम का पालन करने वाले बहुत–से लोग मिले। सुबह स्नान से शुद्ध होते थे, आत्मा को छोड़कर पत्थर की पूजा करते थे। ऐसे लोगों की समझ और ज्ञान दिखावे का और हल्का होता है। ये आसन जमाकर सिद्ध होने के अभिमान में रहते हैं। पीपल का पेड़ और पत्थर पूजने को ही असली भक्ति मानते हैं। मन के तीर्थ को समझ नहीं पाते हैं। माला धारण करके, टोपी पहनकर और माथे पर तिलक छापकर ही धन्य हो जाते हैं। अपने भक्तों को भी इसमें शामिल करते हुए कहते हैं कि साखी और सबद के पद गाते फिरते हैं, लेकिन आत्मा का मर्म नहीं पहचानते हैं। ऐसे लोग संसारी अहंकार से भरे होते हैं। घर–घर मुक्ति का मन्त्र बताते हैं, मगर ख़ुद को पहचान नहीं पाते हैं। ऐसा करते–करते गुरु और शिष्य, दोनों बूढ़े हो जाते हैं और अन्त में इनके हिस्से पछतावा ही आता है। ख़ुद को पीर–औलिया बताने वाले बहुत लोगों को देख चुका हूँ। पूरी कुरान रटी हुई है। उनके मुरीद भी बड़ी संख्या में मिले, लेकिन ख़ुद ख़ुदा को समझ नहीं पाए।

कबीर व्यंग्य में कहते हैं कि हिन्दुओं की दया और मुसलमानों की मेहर यानी कृपा बेटियों की तरह घर से भाग गयी हैं। एक धीरे–धीरे–से गरदन काट रहा है, दूसरा झटके–से गला उतार दे रहा है–

आग हिन्दू और मुसलमान, दोनों के घर में लगी हुई है, लेकिन दोनों अपने आप को समझदार बता रहे हैं। सच यह है कि दोनों में कोई भी सही नहीं है। भक्ति को दीवानगी चाहिए जो दोनों में नहीं है।

45–पेज–

मूड़ मुड़ाए हरि मिलैं, सब कोई लेओ मुड़ाए।
बार–बार के मूण्ड़ते, भेड़ न बैकुन्ठ जाये।।

भावार्थ– आडम्बर और अन्धविश्वास से ईश्वर नहीं मिलते हैं। इस बात को कबीर यूँ समझाते हैं कि सिर मुड़ाकर बैकुण्ठ जाने की कामना करने वालों को यह समझना चाहिए कि अगर ऐसा होता तो स्वर्ग भेड़ों से ही भर गया होता क्योंकि उनका ऊन तो बार–बार उतारा जाता है।

53–पेज–

भजन–
साईं से लगन कठिन रे भाई
जैसे पपीहा प्यासा बूँद का
पिया–पिया रट लाई।
प्यासे प्राण तड़फै दिन–राति,
और नीर ना भाई।
जैसे मिरगा, शब्द सनेही,
सब्द सुनन को जाई।
सब्द सुनै और प्रानदान दे,
तनिको नाहीं डराई।
जैसे सती चढ़ा सत ऊपर,
पिया की राह मन भाई।
पावक देख डरें वह नाहीं,
हँसत बैठे सदा माई।

छोड़ो तन अपने की आसा,
निर्भय है गुन गाई।
कहत कबीर सुनौ भाई साधौ,
नाहि तो जन्म नसाई।

भावार्थ– ईश्वर से प्रेम करना दुर्लभ काम है। कबीर दास ऐसा इसलिए कहते हैं कि साई से प्रेम में मनुष्य को कुछ और सूझता ही नहीं है। उसकी हालत कुछ इस तरह हो जाती है कि जैसे स्वाति की बूँद की तलाश में पपीहा 'पिया–पिया' करता रहता है। दिन–रात उसके प्राण तड़फड़ाते रहते हैं, उसे कोई दूसरा जल पसन्द ही नहीं आता। जैसे कोई हिरन संगीत की तलाश में सुर और शब्दों में बिंधा दूर चला जाता है और शिकारी के हाथों मारा जाता है, मामूली आहट पर भागने वाला हिरन भी संगीत प्रेम में यहाँ तक निर्भय हो जाता है कि उसे मृत्यु का भय भी नहीं समाता। जैसे सती को आग का भय रोक नहीं पाता है वह पति के शव के साथ चिता पर चढ़कर मौत को अपना लेती है। इसी तरह ईश्वर से प्रेम में अपना तन यहाँ तक भूल जाना होता है कि उसके अस्तित्व का भी एहसास न रहे। इसलिए निर्भय और निर्द्वन्द्व होकर प्रभु के गुण गाओ। ऐसा नहीं किया तो तुम्हारा जीवन अर्थहीन है।

59–पेज–

मेरा तेरा मनुआ कैसे एक होई रे।
मैं कहता हूँ आँखन देखी.
तू कहता कागद की लेखी।
मैं कहता सुरझावनहारी,
तू राख्यों अरूझाई रे।
मेरा तेरा मनुआ कैसे इक होई रे।

भावार्थ– कबीर कहते हैं– मेरा–तुम्हारा मन एक कैसे हो सकता है? तुम किताबों के लिखे पर यक़ीन करते और कहते हो। मैं जो देखता

और अनुभव करता हूँ, वही बताता हूँ। मैं लोगों को समस्याओं से निकालने की राह सुझाता हूँ और तुम उन्हें और भी उलझा देते हो। ऐसे में मेरा और तुम्हारा मन एक कैसे हो सकता है?

70—पेज—

सब रसायन में किया,
प्रेम समान न कोय।
रचंन एक तन में संचरै,
सब तन कंचन होय।
जोई मिलै सो प्रीति में,
और मिले सब कोय।
मन सो मन ना मिलै,
देह मिलै का होय।

भावार्थ— जितने भी प्रकार के रस और रसायन का उपभोग मनुष्य कर सकता है, मैं सब आज़मा चुका हूँ। मुझे प्रेम रस से बड़ा कुछ भी नहीं मिला। यह अलौकिक है। यह शरीर में रंच मात्र भी दाख़िल हो जाये तो पूरे तन कंचन यानी सोने का हो जाता है। प्रेम की यह शक्ति है कि जो इसमें मिलता है, उसमें सब मिल जाता है। प्रेम मिल जाये तो कुछ भी प्राप्ति के लिये शेष नहीं रह जाता है और अगर मन से मन न मिले तो देह का मिलना अर्थहीन हो जाता है।

76—पेज—

हरि मोर पियू, मैं हरि की बहुरिया
राम बड़े मैं छुटक लहुरिया
किया श्रृंगार मिलन की ताईं
काहै न मिलौ राजा राम गुसाईं
अबकि बेर मिलन जो पाऊँ
कहै कबीर भौ जलि नहीं आऊँ

भावार्थ– कबीर कहते हैं कि मैं ईश्वर के लिये उस तरह समर्पित हूँ, जैसे कि एक पत्नी पति के लिये रहती है। पत्नी पति से मिलने की आकांक्षा में जिस तरह श्रृंगार करती है, उसी तरह मेरी भक्ति है जिसका अन्तिम लक्ष्य राम जी से मिलना है। ईश्वर से मिलने की उत्कण्ठा को कबीर अपने तरीक़े से बयान करते हैं कि अगर एक बार मैं ईश्वर से मिलने को पा जाऊँ तो मैं विलीन हो जाऊँ।

78–पेज–

विरहिन देह संदेशवा,
सुनों हमारी पीव।
जल बिन मछली क्यों जिए,
बिन पानी का जीव।

भावार्थ– कबीर कहते हैं कि ईश्वर से मिलन में जो व्यग्रता है वह पिया के बिछोह में विरहन की तरह है, जैसे मछली का पानी के बिना जीना मुश्किल हो जाता है। ईश्वर से मिलने की चाह को मछली की तड़प से बयान किया है।

82–पेज–

प्रेम छुपाये न छुपै, जा घट परघट होय
जापै मुख बोलै नहीं, नैन देत है रोय

भावार्थ– प्रेम किसी भी तरह छुपाये नहीं छुपता है। मुँह से न भी बोले तो आँख के आँसू बता देते हैं। कबीर कहते हैं कि प्रेम रोम–रोम से फूटता है, उसकी अभिव्यक्ति अपने आप हो जाती है।

82–पेज–

निस–दिन खेलत रही सखियन संग,
मोहि बड़ा डर लागे

मोरे साहब की ऊँची अटरिया
चढ़त में जियरा काँपे
घूँघट खोल, अंग भर भेंटे
नैन आरती साजे
कहै कबीर सुनौ सखि मोरी
प्रेम होय सो जाने
जिन प्रीतम की आस नहीं है
नाहक काजर पारे

भावार्थ– कबीर कहते हैं कि ईश्वर से प्रेम उस प्रेयसी की मनःस्थिति की तरह होता है जो सखियों के साथ खेलते–खेलते एक दिन खुद को वयस्क महसूस करती है, उसे प्रेम की अनुभूति होती है। पिया के पास पहुँचने में एक लाज भरा भय है पर एक आकांक्षा भी है मिलन की। प्रेम में आँखें आरती के दीप से सजी हुई होती हैं। यह सिर्फ़ वही महसूस कर सकता है जिसे प्रेम हो, जिन आँखों में प्रेम नहीं है, उन आँखों में काजल व्यर्थ हैं। आत्मा में प्रेम का अर्थ देह और मन का पूरी तरह एक–दूसरे में घुल–मिल जाना है।

87–पेज–

कबीर प्रेम न चक्खिया,चक्खि न लिया साव।
सूने घर का पाहुना, ज्यूँ आया त्यूँ जाव

भावार्थ– कबीर कहते हैं कि जिसने प्रेम का रस नहीं चखा और चखकर उसका स्वाद महसूस नहीं किया, वह उस अतिथि की तरह है जो जैसे आता है वैसे ही चला जाता है। प्रेम की अनुभूति ही जीवन की सार्थकता है।

87–पेज–

नाचु रे मेरे मन मत्त होय
प्रेम का राग बजाय, रैन–दिन शब्द सुने सब कोय

सब घट घाटि समाई
ओ साईं मोरे
अँखियाँ में लालन छाई

भावार्थ– साईं के प्रेम का नशा मेरी आँखों में उतर चुका है। मेरी आँखें लाल हो चुकी हैं। पेड़–पौधे, झाड़ियों और सब जीव–जन्तुओं में मेरा साईं ही झूम रहा है। जहाँ भी देखता हूँ, कुछ ख़ाली नहीं दिखता। हर घर–घाट में वही समाया हुआ है।

100–पेज–

मन तू नाहक द्वन्द मचाये
करि असनान छुवो नहिं काहू, पाती–फूल चढ़ाये
मूरति से दुनिया फल माँगे, अपने हाथ बनाये
यह जग पूजै देव–देहरा, तीरथ–व्रत अन्हाये
चलत–फिरत में पाँव थकित भे,यह दुख कहाँ समाये
झूठी काया झूठी माया, झूठे–झूठे झूठल खाये
बांझिन गाय दूध नहीं देवे, माखन कहाँ से खाये
साँचे के संग साँच बसत है, झूठे मारि हटाये
कहैं कबीर जहाँ साँच बसतु हैं, सहजै दरसन पाये

भावार्थ– कबीर कहते हैं–मन, तू नाहक द्वन्द्व में उलझा हुआ है। बिना नहाये तुम कुछ छूते नहीं हो। मूर्ति को फूल–पत्ती चढ़ाते हो। उसी मूर्ति से फल माँगते हो, जिसे ख़ुद तुमने अपने हाथों से बनाया है। यह संसार देवी–देवता की पूजा करता है। तीरथ–व्रत और स्नान में लगा रहता है। इसी में चलते–चलते उसके पाँव थक जाते हैं। ईश्वर की सच्ची पूजा करने की जगह मनुष्य कर्मकाण्डों में उलझा रहता है। मनुष्य की काया और संसार की माया, दोनों झूठी हैं। हम नाहक वही जूठन खाते रहते हैं। बाँझ गाय दूध नहीं देती तो मक्खन कहाँ से खा पाओगे? इसलिए झूठ को ख़ुद से दूर करो और सच के साथ रहो क्योंकि जहाँ सच बसता है वहाँ सहज ही ईश्वर मिल जाता है।

105—पेज—

साँच ही कहत और साँच ही गहत है,
काँच कू त्यागकर साँच लागा।
कहैं कबीर यूँ भक्त निर्भय हुआ,
जन्म और मरन का भरम भागा।

भावार्थ— सच कहना और सच के गुण बख़ान करना ही असली ईश्वर भक्ति है। हर तरह का संशय छोड़कर सच को अपना लेना चाहिए। कबीर कहते हैं कि सच का प्रेम ही हमें निर्भय बनाता है और मनुष्य जीवन—मरण के भय से मुक्त हो जाता है।

107—पेज—

मन न रंगाए, रंगाए जोगी कपरा,
आसन मारि मन्दिर में बैठे,
नाम छाड़ि पूजन लागै पथरा।
कनवा फाड़ के जटवा बढ़ैलें,
दाढ़ी बढ़ाये जोगी हो गइलैं बकरा।
जंगल जाये जोगी धूनी रमैले,
काम जराए जोगी हो गइलैं हिजरा।
मथवा मुड़ाए जोगी कपड़ा रंगैले,
गीता बाँचि के हो गइलैं लबरा।
मन न रंगाए...

भावार्थ— ईश्वर प्रेम में जोगी का मन रँगा होना चाहिए, लेकिन वह तो कपड़ा रँगा कर ही अपने को सच्चा भक्त मान बैठा है। उसे प्रभु नाम का स्मरण करना चाहिए था और वह आसन मारकर मन्दिर में बैठा है और पत्थर की पूजा कर रहा है। बाल बढ़ा लिये हैं, कान छिदा कर कुण्डल पहन लिये हैं। दाढ़ी बढ़ाकर जोगी की शक्ल बकरे की तरह हो गयी है। जोगी जंगल में धूनी रमा रहा है। उसने काम की इच्छा को दबा लिया है, वह न स्त्री और न पुरुष बचा है।

जोगी एक तरह से हिजड़ा हो गया है। सिर मुंडाये और कपड़ा रंगाये जोगी 'गीता' बाँचते हुए निरा झूठा और धूर्त मालूम पड़ता है।

112– पेज–

गुरु घोबी सिष कापड़ा, साबुन सिरजन हार।
सुरत सिला पर धोइए, निकसे जोत अपार।।

भावार्थ– कबीर गुरु की भूमिका बताते हैं– गुरु अपने शिष्य के लिये वैसे होता है जैसे धोबी साबुन की मदद से कपड़े से सारा मैल निकाल उसकी चमक लौटा देता है। गुरु यहाँ धोबी है, शिष्य कपड़ा है और सृष्टि का रचयिता साबुन का काम करता है। गुरु की संगत से शिष्य का व्यक्तित्त्व प्रकाशवान हो जाता है।

116–पेज–

अवधू भूलै को घर लावै, सो जन हमको भावै,
घर में जोग, भोग घर ही में, घर तज बन नहिं जावै।
घर में जुक्त मुक्त घर ही में, जो गुरु अलख लखावै,
सहज सुन्न में रहै समाना, सहज समाधि लगावै।
उन्मुनि रहै ब्रह्म को चीन्है, परम तत्त्व को ध्यावै,
सूरत–निरत सो मेला करके, अनहद नाद बजावै।
घर में बसत, बस्तु भी घर में, घर ही बस्तु मिलावै,
कहत कबीर सुनौ हौ साधू, ज्यों का त्यों ठहरावै।

भावार्थ– हे साधु! बस, उसकी ही साधना करो, जो गुरु ने बख़्शा है। अवधूत बने फिरते को घर का मार्ग दिखाए, वही जन मुझे भाता है। मुझे अब जाना कहाँ है? मोक्ष की युक्ति घर में यानी गृहस्थ में ही है और वह मोक्ष भी घर में ही है। यह सत्य मुझे उस गुरु ने बताया है, जिसने मुझे अलख के दर्शन कराये हैं। वह सहज भाव से रहने वाला शून्य में समा जाता है। वह सहज समाधि लगाये रहता है। सच में साधु वो है, जो निरपेक्ष भाव से जीता है और ब्रह्म को जान कर केवल इसी परमतत्त्व की साधना में लीन रहता है,

लेकिन घर–बार त्याग कर नहीं। ये ब्रह्म यहीं था, मुझमें भी था, घर में भी था, जिसे मेरे सतगुरु ने मुझसे घट में ही मिला दिया। हे अवधूत! मैं आपको सत्य बता रहा हूँ। ये वहीं का वहीं ठहरा है, उसे खोजने जंगलों में पहाड़ पर क्यों भटकते हो? कबीर कहते हैं, जो जहाँ हैं वहीं रहें, यही मोक्ष है।

119–पेज–

कबिरा गरब न कीजिए, ऊँच देख आवास
काल्हि परऊ घर लेटना, ऊपर जामि घास

भावार्थ– कबीर कहते हैं कि किसी का ऊँचा महल देखकर घमण्ड नहीं करना चाहिए। कल उसको भी ज़मीन में ही यानी क़ब्र में लेटना पड़ेगा जिसके ऊपर घास जम जाती है।

120–पेज–

स्याह सिकन्दर काशी आया
काज़ी मुल्ला के मनि भाया
कहै सिकन्दर ऐसी बाता
हूँ तोहि देषूँ दीजिग जाता
गाफल सँक न मानै मोरी
देषूँ साँची करामाति तोरी
बाँधो पग मेहल्यों जंजीरू
लै बोरयो गंगा कै नीरू

भावार्थ– रात में चुपके–से अँधेरे में सिकन्दर लोदी बनारस आया। क़ाज़ियों और मुल्लाओं में ख़ुशी की लहर दौड़ गयी। कबीर को बादशाह के सामने पेश किया जायेगा, तब मज़ा आयेगा। सिकन्दर ने कबीर को बुलाकर तल्ख़ी के साथ कहा–मैं तुम्हारे देश आया हूँ और तुम्हें दण्ड देता हूँ। जिस ज्ञान से तुमने लोगों को डरा रखा है। उसकी परीक्षा लूँगा। सिकन्दर कहता है, ऐ कबीर!

तुम अपने ज्ञान के गुरूर में इतने तल्लीन हो, बेसुध हो, डूबे हुए हो, हर बात पर शंकालु हो जाते हो। जो तुम प्रश्न करते हो, इसलिये तुम राजा की बात भी नहीं मानते हो। धमकी देते हुए कहता है कि तुम मेरे आदेश का उल्लंघन करते हो तो मैं देखता हूँ कि तुम्हारा चमत्कार कितना सच्चा है? देखता हूँ तुम्हारी हैसियत क्या है। मैं तुम्हारे पैर और हाथ ज़ंजीर से बाँधकर मैं तुमको गंगा के जल में फेंक रहा हूँ। तुम चमत्कारी हो तो पानी से बाहर निकल आओगे। तुम जिस राम का गान करते हो, वह तुमको बचा लेगा।

123–पेज–

काँकर पाथर जोड़ि कै,
मस्जिद लियो बनाय।
ता चढ़ मुल्ला बाँग दे,
का बहरा भयो ख़ुदाय।

कबीर–और जो मैं कहता हूँ–
दुनिया ऐसी बावरी पाथर पूजन जाय
घर की चकिया कोउ न पूजै जाकि पीसी खाय

भावार्थ– मुसलमानों के लिये कबीर कहते हैं–कंकर–पत्थर जोड़कर मस्जिद बना ली है। अब उस मस्जिद से अल–सुबह मौलवी अज़ान देगा। इस अज़ान को कबीर सुबह–सुबह बाँग देने वाले मुर्गे से तुलना करते हैं। कहते हैं, इतना चिल्ला कर इबादत करने की ज़रूरत क्या है? क्या ख़ुदा बहरा हो गया है कि उसे धीरे–से बोलो तो सुनायी नहीं पड़ेगा।

हिन्दुओं से कबीर कहते हैं– यह दुनिया बावरी हो गयी है जो पत्थर की प्रतिमा बनाकर उसकी पूजा करती है। ये लोग घर की उस पत्थर की बनी चक्की को नहीं पूजते जिसका पीसा गेहूँ सभी खाते हैं। कबीर सवाल करते हैं कि ईश्वर अगर मूर्ति में है तो घर की चक्की में क्यों नहीं?

123–पेज–

खुल खेल्यो संसार में बाँध सके न कोय।
जाको राखै साइयाँ मार सके न कोय।।

भावार्थ– कबीर कहते हैं– खुल कर जियो। किसी से भय और किसी तरह का भय व्यर्थ है। ईश्वर जिसकी रक्षा या हित चाहता है, उसका अहित कोई नहीं कर सकता है।

124–पेज–

हिन्दू कहौ तो मैं नहीं, मुसलमान भी नाहिं।
पाँच तत्त्व का पूतला गैबे खेले माहीं।।

भावार्थ– कबीर अपने लिये कहते हैं–मैं कहूँ कि मैं हिन्दू हूँ तो यह सही नहीं है। अगर कहूँ कि मुसलमान हूँ तो यह भी ग़लत होगा। वैसे भी मनुष्य का शरीर पंच तत्त्वों से बना एक पुतला है, जिसमें अदृश्य और अविनाशी प्रभु विराजते हैं।

125– पेज–

माली आवत देखकर, कलियन करीं पुकार।
फूले–फूले चुन लिये, काल्हि हमारी बार।।

भावार्थ– माली को आता हुआ देख कर पौधों पर लगीं कलियाँ पुकार उठती हैं कि आज तो सारे फूल चुन कर ले जा रहा है, कल जब हम फूल होंगे तो जाने की बारी हमारी होगी। मनुष्य जीवन का मोह न करें, इसलिए कबीर प्रकृति के परिवर्तन से जीवन–मरण का गूढ़ अर्थ आसानी से समझाते हैं।

131–पेज–

नैंना अन्तर आव तू, पलक झांपि तोहे लेहूँ।
न मैं देखूँ और कू, तुझ्झ न देखन देहूँ।

भावार्थ– कबीर अपने साईं को याद करते हुए कहते हैं–तुम आँखों के रास्ते मुझमें दाख़िल हो जाओ। मैं पलकें बन्द कर तुम्हे ढक लूँगा। मैं कुछ और देखना ही नहीं चाहता हूँ। तुम्हारे सिवा और कोई दूसरा तुम्हें देखे, यह भी मुझे मंजूर नहीं है।

132–पेज–

दुलहिन तोहि पिया घर जाना।
काहे रोवो, काहे गावो
काहे करत बहाना।
काहै पहिरिओ, हरि–हरि चुनिया,
काहे प्रेम के बाना।
कहै कबीर सुनो भाई साधो,
बिन पिया नाहीं ठिकाना।

भावार्थ– कबीर संसार में रहते हुए इसकी चमक–दमक और मोह से अलग रहने की प्रेरणा देते रहते हैं। मनुष्य की देह को दुल्हन और परमेश्वर को पति यानी पिया मानते हुए कहते हैं– सुख–दुःख, झूठ–फ़रेब, मेरा–तेरा इसका अर्थ क्या है? हरी–हरी चूनर यानी दिखावे की क्या ज़रूरत है? प्रेम के प्रदर्शन की भी कोई आवश्यकता नहीं है। तुम्हारी तो आख़िरी मंज़िल पिया का घर यानी मृत्यु है। वही प्रेम की पूर्णता है, आख़िरी ठिकाना है। इस सच को जो जितनी जल्दी जान और मान ले, उतना बेहतर है।

134–पेज–

मैं अपने साहब संग चली
हाथ में नरियल मुँह में बीड़ा
मोतियन माँग भरी।
लिल्ली घोड़ी, जरद बछेड़ी,

तापै चढ़ के चलि।
नदी किनारे सतगुरु भेंटे,
तुरत जनम सुधरी।
कहैं कबीर सुनौ भाई साधौ,
दोउ कुल तारि चली।
मैं अपने साहब संग चली
मैं अपने साहब संग चली
मैं अपने साहब संग चली।

भावार्थ– कबीर कहते हैं कि जीवात्मा अपने आख़िरी ठिकाने पर जा रही है। अब उसे अपने प्रियतम यानी प्रभु से मिलना है। यह बहुत ही शुभ घड़ी है। आत्मा के हाथ में नारियल है, मुँह में पान का बीड़ा है। उसकी माँग मोतियों से भरी हुई है। नीले रंग की घोड़ी पर चढ़ कर साथ में पीले रंग की गाय की बछिया है। जैसे ही वह नदी के किनारे पहुँची, वहीं उसे सद्गुरु के दर्शन हुए। इस तरह जीवात्मा ने लोक–परलोक दोनों को सुधार दिया। इसी मिलन को कबीर जीवन की पूर्णता बताते हैं।

❑❑